TÜRKEI

INSIDER-TIPP
Deine Abkürzung ins Erleben!

Reisen mit MARCO POLO Insider-Tipps

MARCO POLO TOP-HIGHLIGHTS

HAGIA SOPHIA ★1
Die Kirche der „heiligen Weisheit" ist das berühmteste Bauwerk İstanbuls.
📷 *Tipp: Von der Empore aus lässt sich das Jesus-Mosaik in der Apsis am besten ablichten.*

➤ S. 45, Westküste

TROJA ★2
Bei den Dardanellen soll das Troja Homers gestanden haben – nun ergänzt um ein hochmodernes Museum.

➤ S. 51, Westküste

EPHESOS ★3
Krönung einer Türkeireise: ein Besuch der prächtigen Ruinenstadt Ephesos.

➤ S. 57, Westküste

PAMUKKALE ★4
Das „Baumwollschloss" aus weißen Kalksteinterrassen, über die heiße Quellen plätschern, ist ein bezauberndes Naturphänomen. (Foto)

➤ S. 58, Westküste

„BLAUE REISE" ★5
Auf einem Boot von Bucht zu Bucht – angenehmer lässt sich das Mittelmeer nicht erkunden.
📷 *Tipp: Fang nachts bei Mondschein das „Yakamoz" genannte Glitzern auf den Wellen ein.*

➤ S. 60, Westküste

ÖLÜDENIZ ★6
Ein Stück Paradies: die geschützte Lagune von Ölüdeniz.

➤ S. 77, Südküste

KAPPADOKIEN ⭐
Eine Zauberwelt aus wundersam geformten Tuffsteinhügeln und unterirdischen Höhlenstädten.
📷 *Tipp: Für die imposante Landschaft nutzt du am besten ein Weitwinkel-Objektiv.*

➤ S. 87, Zentralanatolien

KONYA ⭐
Die tanzenden Mystiker sind das bekannteste Markenzeichen des anatolischen Volksislams.
📷 *Tipp: Warte mit dem Foto, bis die kreisenden Derwische fast schon schweben.*

➤ S. 89, Zentralanatolien

BERG NEMRUT ⭐
Riesige Götterhäupter, aus Stein gehauen, schmücken das Hochplateau des Nemrut-Bergs. Oben warten ein Unesco-Weltkulturerbe und eine Begegnung jenseits der Zeit.

➤ S. 99, Südostanatolien

SUMELA-KLOSTER ⭐
Mit seiner Gründung ist eine Sage verbunden: Wenn man glaubt, kein Pfad führe mehr weiter, sieht man wie an den Berg geklebt das Sumela-Kloster.
📷 *Tipp: Näher dich dem Kloster auf 500 Meter, aus dieser Entfernung sieht das Bauwerk am eindrucksvollsten aus.*

➤ S. 109, Schwarzmeerküste

INHALT

38 DIE REGIONEN IM ÜBERBLICK

40 WESTKÜSTE
44 İstanbul 47 Rund um İstanbul
48 Bursa 49 Rund um Bursa
50 Çanakkale 51 Rund um Çanakkale 53 İzmir
55 Rund um İzmir 59 Bodrum
61 Rund um Bodrum

62 SÜDKÜSTE
66 Antalya 69 Rund um Antalya
71 Alanya 73 Rund um Alanya
73 Kaş 74 Rund um Kaş 75 Fethiye
77 Rund um Fethiye 77 Marmaris
79 Rund um Marmaris

80 ZENTRALANATOLIEN
84 Ankara 86 Rund um Ankara
87 Kappadokien 89 Konya
91 Rund um Konya

92 SÜDOSTANATOLIEN
96 Diyarbakır 96 Rund um Diyarbakır 97 Şanlıurfa
99 Rund um Şanlıurfa 100 Van
100 Rund um Van 102 Kars
103 Rund um Kars

104 SCHWARZMEERKÜSTE
108 Trabzon 109 Rund um Trabzon
110 Amasya 111 Rund um Amasya
111 Sinop 112 Rund um Sinop
112 Safranbolu 113 Rund um Safranbolu

INHALT

MARCO POLO TOP-HIGHLIGHTS
2   Die 10 besten Highlights

DAS BESTE ZUERST
10   ... bei Regen
11   ... Low-Budget
12   ... mit Kindern
13   ... typisch

SO TICKT DIE TÜRKEI
16   Entdecke die Türkei
19   Auf einen Blick
20   Die Türkei verstehen
23   Klischeekiste

ESSEN, SHOPPEN, SPORT
28   Essen & Trinken
32   Shoppen & Stöbern
34   Sport

MARCO POLO REGIONEN
38   ... im Überblick

ERLEBNISTOUREN
115   Auf den Spuren der Steine
120   Zwischen Beach, Basar und Berggöttern
124   Stippvisite an der Schwarzmeerküste

GUT ZU WISSEN

124   **DIE BASICS FÜR DEINEN URLAUB**
Ankommen, Weiterkommen, Im Urlaub, Feste & Events, Notfälle, Wichtige Hinweise, Wettertabelle

132   **SPICKZETTEL TÜRKISCH**
Nie mehr sprachlos

134   **URLAUBSFEELING**
Bücher, Filme, Musik & Blogs

136   **TRAVEL PURSUIT**
Das MARCO POLO Urlaubsquiz

138   **REGISTER & IMPRESSUM**

140   **BLOSS NICHT!**
Fettnäpfchen und Reinfälle vermeiden

- ⓥ Besuch planen
- € – €€€ Preiskategorien
- (*) Kostenpflichtige Telefonnummer
- 🍴 Essen/Trinken
- 🛍 Shoppen
- 🍸 Ausgehen
- 🌴 Top-Strände

(*A2*) Herausnehmbare Faltkarte
(*a2*) Zusatzkarte auf der Faltkarte
(0) Außerhalb des Faltkartenausschnitts

BESSER PLANEN MEHR ERLEBEN!

Digitale Extras
go.marcopolo.de/app/tur

MARCO POLO
DIGITALE EXTRAS

DIGITAL NOCH MEHR ERLEBEN

Schneller in Urlaubslaune kommen.

Perfekt organisiert sein – vor, während und nach dem Urlaub.

Mit der MARCO POLO Touren-App und unseren digitalen Angeboten.

Noch mehr Trendziele, Inspiration und aktuelle Infos findest du auf **marcopolo.de**

Werde Teil unserer Reise-Community und folge uns auf Instagram und Facebook!

SO EINFACH GEHT'S

1. Website besuchen
2. Die digitale Welt von MARCO POLO entdecken
3. App runterladen und ab in den Urlaub

Alle Infos zum digitalen Angebot unter **marcopolo.de/app**

DAS BESTE ZUERST

Im Naturparadies: an der Mittelmeerküste bei Kemer

BEST OF
BEI REGEN

SCHÖN, AUCH WENN ES REGNET

NASSE MEDUSENHÄUPTER
Regnet's? Dann begib dich unter die Erde İstanbuls und mach überraschende Entdeckungen: *Yerebatan Sarnıcı* ist eine byzantinische Zisterne, in der du dich vor Medusenhäuptern gruseln, Fische füttern und Kaffee trinken kannst.
➤ S. 45, Westküste

EIN TAG IM MUSEUM
Ob in İstanbul, Ankara oder Konya – ein interessantes Museum zu finden, fällt nicht schwer, auch nicht in Antalya: Bei Regen flüchte ins *Arkeoloji Müzesi*, wo du dir interessante Funde aus den Ausgrabungsstätten der Umgebung anschaust.
➤ S. 66, Südküste

AUF DEM BURGBERG
Die Stadtväter von Ankara haben sich viel Mühe gegeben, die alte *Burg* zu restaurieren. Herausgekommen sind ansehnliche Gebäude, in denen du schöne Restaurants, Souvenirgeschäfte und Cafés findest. Ein lohnender Abstecher bei schlechtem Wetter!
➤ S. 84, Zentralanatolien

SCHÖNES DACH ÜBER DEM KOPF
Überall sind sie, die Shoppingmalls, die die Türken so lieben. Aber nicht alle sind so schön wie das *Konak Pier* in İzmir. Kein Wunder: Das Gebäude stammt von Gustave Eiffel. Sorgfältig restauriert, bietet es heute ein Dach für feine Geschäfte, Restaurants, Kneipen.
➤ S. 54, Westküste

AUS DEM NASSEN INS NASSE
Wo es nur hier und da tröpfelt, kannst du ruhig eine abenteuerliche Reise riskieren. Tropfsteinhöhlen findest du an der türkischen Mittelmeerküste viele. Kleine, große, in den Bergen oder am Meer. Die *Damlataş-Höhle* (Foto) bei Alanya ist so groß, dass du hier Stunden verbringen kannst, ohne nass zu werden.
➤ S. 71, Südküste

BEST OF LOW-BUDGET

FÜR DEN KLEINEN GELDBEUTEL

SCHARFE KÜCHE ZU MILDEN PREISEN
Bei *Cemilusta* kannst du dich an kleinen Vorspeisen, Kebaps oder Gemüse satt essen, ohne die Urlaubskasse zu strapazieren. Die Kellner freuen sich dann auch besonders über ein üppiges Trinkgeld, das nicht wehtut.
➤ S. 108, Schwarzmeerküste

EINSAME INSEL
In der Ägäis sind nur wenige Inseln türkisch, *Gökçeada* gehört dazu. Sie bietet eine unglaublich schöne Natur und äußerst preiswerte Unterkünfte sowie Tavernen. Du darfst hier kein Nachtleben erwarten, dafür hast du eine Insel zum Radfahren, Wandern und Schwimmen für dich.
➤ S. 52, Westküste

SCHWITZEN UND SPAREN
Viele Hamams in touristischen Zentren haben gesalzene Preise. Im *Sefa Hamamı* in Antalya kannst du die türkische Art des Badens zu vernünftigen Preisen kennenlernen. Danach fühlst du dich wirklich wie neugeboren!
➤ S. 69, Südküste

GIBT ES SIE NOCH, …
… die kleine Pension am Meer? Ja, in *Kaleköy* (Foto) bei Kaş. Das Dorf ist nur übers Wasser zu erreichen und bietet preiswerte Pensionen mit eigenem Steg, auf dem du abends essen kannst. Tagsüber schnorchelst du durch ein Unterwasserparadies.
➤ S. 75, Südküste

LECKERES KOMPLETTMENÜ
Türkische Hackfleischbällchen, auf Holzkohle gegrillt, dazu ein Salat mit weißen Bohnen: traditionell, günstig, unvergesslich. Im *Sultanahmet Köftecisi* in İstanbul kannst du auch eine Suppe vorweg und einen Halwa als Nachtisch bestellen – und für den Rest des Tages bist du satt.
➤ S. 47, Westküste

BEST OF MIT KINDERN

SPANNENDES FÜR GROSS & KLEIN

ZU DEN ESELN, ZU DEN PFERDEN

Auf den *Prinzeninseln* vor İstanbul gibt es keinen Autoverkehr, dafür Pferdekutschen und Esel, auf denen ihr in Begleitung eines Guides in den schattigen Wald reiten könnt. Die Inseln sind nur eine Stunde entfernt und mit Fähren gut zu erreichen.
➤ S. 47, Westküste

SCHNEEBALLSCHLACHT IN LUFTIGER HÖHE

Auf dem *Uludağ* befindet ihr euch im Winter in einem weiß verschneiten Märchenwald. Einer ausgedehnten Schneeballschlacht steht jetzt nichts mehr im Wege. Es gibt familienfreundliche Hotels mit Kaminzimmern, Skiverleih, Smart-TVs und WLAN usw. – alles, was das Herz begehrt.
➤ S. 49, Westküste

NASSWERDEN ERWÜNSCHT

Aquaparks mit Rutschen, Bahnen und unzähligen Pools sind an der türkischen Riviera ab Kaş fast die Regel. Stundenlang Spaß haben die Kids im *Water Planet Aquapark* in Alanya, während du ganz entspannt ein Buch liest.
➤ S. 72, Südküste

KANU FAHREN

An vielen Stränden kannst du Kanus leihen. Besonders schön für die ganze Familie ist es, auf dem Fluss *Eşen Çayı* zu paddeln: Er hat keine gefährlichen Stellen und ist auch für Kinder gut geeignet. Ihr fahrt durch kleine Wälder mit schöner Pflanzen- und Tierwelt.
➤ S. 76, Südküste

EINE ANDERE ART VON PIZZA

Fast so lecker wie die italienische Pizza! *Pide* könnt ihr z. B. im Lokal *Karpi Pide* in Trabzon in verschiedenen Varianten bekommen: mit Hackfleisch, Käse, Gemüse, Knoblauchwurst oder gemischt. Türkische Pizza schmeckt jedem Kind!
➤ S. 109, Schwarzmeerküste

BEST OF
TYPISCH

DAS ERLEBST DU NUR HIER

TRADITIONELL SHOPPEN
Der Basar ist eine orientalische Erfindung. Und der alte *Basar von Şanlıurfa* ist wohl der orientalischste Ort der Türkei. Bummle durch die überdachten Gassen von Teppichhändlern und Kupferkesselschmieden und fühl dich in eine andere Zeit versetzt.
➤ S. 98, Südostanatolien

AUF UND AB AM MEER
Die Türkei hat zahlreiche Städte am Meer. Alle haben ihre Promenade *(piyasa caddesi)*, auf der die Menschen spazieren gehen. Eine der schönsten ist die *Promenade in İzmir* (Foto). Hier kannst du essen gehen, im Café sitzen, shoppen – immer mit Blick aufs Meer.
➤ S. 53, Westküste

DER FISCH MUSS SCHWIMMEN
Fisch zu essen ist in der Türkei nicht nur Nahrungsaufnahme. Wichtiger als das Essen sind die Gespräche mit Freunden zu einer Flasche Rakı. Im feinen Fischlokal *Rumelihisarı İskele* lernst du die Regeln des Rakı-Abends kennen.
➤ S. 46, Westküste

DURCH WILDE SCHLUCHTEN
Die Türkei ist ein gebirgiges Land. Überall findest du Cañons, wie den *Saklıkent Cañon*, an denen du entlangwandern kannst. Meist fließt ein kalter Bach hindurch, der deine Füße, gerade im heißen Sommer, herrlich erfrischt. In vielen Orten organisieren Reisebüros Touren ins Umland.
➤ S. 77, Südküste

DURCHATMEN
Entlang der Schwarzmeerküste verläuft eine Bergkette mit Gipfeln über 3000 m, dazwischen Hochalmen und Plateaus. Die Luft hier ist unglaublich rein. Das *Ayder-Plateau* ist im Winter eingeschneit, im Frühjahr voller Blumen und im Sommer kühl und frisch. Eine Wohltat für Körper und Seele.
➤ S. 109, Schwarzmeerküste

SO TICKT DIE TÜRKEI

Orientalische Schätze shoppen kannst du auf dem Basar in İstanbul

Größte Basilika des byzantinischen Reichs: die Hagia Sophia in İstanbul

Ein Land doppelt so groß wie Deutschland, ein wechselhaftes Land, ein Land voller Schönheit und Widersprüche: Die Türkei zieht Besucher seit Jahrhunderten in ihren Bann.

KEIN KLISCHEE

Hier treffen Orient und Okzident tatsächlich zusammen: Hochmoderne Metropolen, in denen man mit dem E-Roller durch die Straßen düst und Gemüse und Obst auf Dächern anpflanzt, bis hin zu Dörfern, in denen die Frauen das Trinkwasser noch aus dem Brunnen holen. Minirock und Kopftuch, queere Community und Zwangsheirat – hier prallen Welten aufeinander. Und sie stehen zur Debatte: Tagtäglich führen Türken untereinander ermüdende Gespräche über Politik, Wirtschaft und Kultur, wobei es sich immer um dieselbe Frage dreht:

Um 7000 v. Chr. Erste Siedler in Kleinasien

133 v. Chr. Beginn der römischen Herrschaft in Kleinasien

1453 Eroberung Konstantinopels durch Mehmet I., Umbenennung in Istanbul

1453–1683 Größte Ausdehnung des Osmanischen Reichs

1914–1918 Erster Weltkrieg; Teilnahme der Osmanen an deutscher Seite

1919–1923 Türkischer Befreiungskrieg unter Mustafa Kemal Pascha gegen Aufteilung der Türkei

SO TICKT TÜRKEI

„Wohin treibt dieses Land?!" Keiner kann die Frage genau beantworten. Eines ist sicher: Das christliche Byzanz, das muslimische Osmanenreich und die moderne Türkei haben überall ihre Spuren hinterlassen. Geh auf Entdeckungsreise!

STRAND, SHOPPING, SPASS

Strandurlauber erwartet eine über 4000 km lange Ägäis- und Mittelmeerküste mit herrlichen Buchten und einem der saubersten Wasser Südeuropas. Hier liegen die Urlaubshochburgen Bodrum, Marmaris, Antalya und Alanya. Mal eine Bettenburg, mal eine nette Pension direkt am Wasser – die Auswahl ist groß. Überaus groß auch die Zahl der Cafés, Kneipen, Restaurants und Clubs in den Städten. Man geht aus, hat Spaß und bleibt bei schönem Wetter niemals zu Hause.

Du hast endlose Einkaufsmöglichkeiten mit allen internationalen Marken – nur günstiger, weil die Preise der türkischen Kaufkraft angepasst sind. In den ländlichen Gebieten kannst du noch schönes traditionelles Kunsthandwerk wie Silber oder Keramik shoppen. Geld abheben und wechseln ist überall möglich, das WLAN-Netz ist mancherorts besser ausgebaut als in Europa.

EIN LAND FÜR ENTDECKER

Die Türkei ist ein Ort, in dem du noch wirkliche Entdeckungen machen kannst. Urlauber sind besonders willkommen. Weg von All-inclusive, hin zu gehobenem Individualtourismus heißt das Motto. Eine Reise entlang der West-Ost-Achse führt von den Getreidefeldern Thrakiens auf der europäischen Seite über

29. Oktober 1923 Gründung der Türkischen Republik

1952 Nato-Beitritt

2002 Die islamisch orientierte AKP kommt an die Macht

2014 Recep T. Erdoğan wird 12. Staatspräsident

Juli 2016–Juli 2018 Im Land herrscht Ausnahmezustand nach Putschversuch

2020–2022 Die offensive Außenpolitik der Türkei sorgt in der Region für Spannungen

İstanbul und die romantischen Buchten der Ägäisküste vorbei an den schneebedeckten Bergmassiven der anatolischen Hochlagen durch fruchtbare Täler bis zu den vulkanischen Alpen des Ostens. Von Nord nach Süd geht es von den regenreichen Berghängen des pontischen Taurus am Schwarzen Meer über die gewaltige anatolische Steppe und die Mondlandschaft Kappadokiens zur Gebirgsscheide des Taurus, bevor man die Strände der südlichen Mittelmeerküste erreicht. Anatolien wurde jahrtausendelang von den zwischen Ost und West hin- und herziehenden Völkern, Heerscharen und Religionen geprägt. Auf deinem Weg wirst du oft noch die gleichen Routen nutzen wie die Kreuzritter oder die Karawanen auf der Seidenstraße.

Natur- und Sportsfreunde finden in der Türkei eine vielgestaltige Flora und Fauna vor. An einigen Mittelmeerstränden brüten die letzten Exemplare der Meeresschildkröte, auf den Bergen trifft man auf Bären und Wölfe. Für Wanderer gibt es Mittel- und Hochgebirge, für Wintersportler eine wachsende Zahl von Skigebieten, für Taucher schillernde Reviere vor der Mittelmeerküste. Du kannst hier auch nach Herzenslust kiten, surfen und segeln.

MODERN VS. KONSERVATIV

Während sich in den Metropolen im Westen das Durchschnittseinkommen der oberen Schichten auf mitteleuropäischem Niveau eingependelt hat, ist im Osten, aber auch an den Rändern der Großstädte landesweit die Armut sichtbar. Diese führt dazu, dass viele Menschen an alten, teils archaischen Wertvorstellungen festhalten. Das konservative Gesellschaftsverständnis steht im Kontrast zu dem der urbanen, weltlich orientierten Bevölkerung, die sich den Menschen in Berlin oder Paris näher fühlt als den Dorfbewohnern Ostanatoliens. In İstanbul, İzmir oder Ankara lebst du fast so wie in Berlin, Frankfurt oder Rom. Die kosmopolitische, gebildete Mittelschicht war lange die Trägerin für Reformen, die der Türkei den Weg zu den Beitrittsverhandlungen mit der EU geebnet hat. Ein Ausdruck der Spannungen waren die Proteste rund um den İstanbuler Gezi-Park im Juni/Juli 2013. Ausgelöst durch ein großes Bauvorhaben, dem der gesamte Park zum Opfer gefallen wäre, weiteten sich die Proteste in wenigen Tagen auf die gesamte Türkei aus. Erstmals setzte sich der säkulare Mittelstand massiv gegen die weitere Islamisierung des Landes zur Wehr.

GUT UND GÜNSTIG DURCHS LAND

Das Reisen in der Türkei ist heute viel bequemer als noch vor zehn Jahren: In vielen anatolischen Städten gibt es Flughäfen (insgesamt 56 im ganzen Land) und die Überlandbusse bzw. Minibusse fahren bis in die entlegenste Ecke. Nur der See- und Bahnverkehr außerhalb der Metropolen lahmt. Der Staat will mit dem Ausbau des Schienennetzes dem Problem beikommen. Dafür ist Taxifahren viel günstiger als in Europa – so wie fast alles. Mit dem Euro kannst du viel Geld sparen – ob beim Essen, Ausgehen oder Einkaufen.

SO TICKT TÜRKEI

AUF EINEN BLICK

82 MIO.
Einwohner

Deutschland: 83 Mio.

60 %

der Haushalte
haben Internetanschluss

7.200 km
Küstenlänge

Festland-Küstenlänge an
der Ostsee: 328 km

785.350 km²
Fläche

Frankreich: 643.801 km²

**HÖCHSTER GIPFEL:
ARARAT**
5.137 M

Alpen:
Mont Blanc
4.810 m

WÄRMSTER MONAT
AUGUST

**REKORD:
49 °C**

KÄLTESTER MONAT
JANUAR

**REKORD:
−46,4 °C**

84.000 MOSCHEEN

Evangelische und katholische Kirchen
in Deutschland: 46.000

İSTANBUL

Größte Stadt mit
15,5 Mio. Einwohnern

LIEBLINGSGETRÄNKE
Tafelwasser *(su)*
Tee *(çay)*

**VOLKSSPORT
FUSSBALL**

DIE TÜRKEI VERSTEHEN

IM FAMILIENTEEGARTEN

Oft wirst du Schilder sehen mit Aufschriften wie: „Aile Çay Bahçesi" („Familienteegarten") oder „Aile Salonu" („Familiensalon"). Diese Hinweise stehen am Eingang und weisen darauf hin, dass die Bereiche der männlichen Gäste ohne Begleitung von denen der Frauen, Familien und Paare schön getrennt sind. Was in großstädtischen Cafés und Restaurants schon längst der Vergangenheit angehört, ist in einfacheren Esslokalen und auf dem Land die Regel. Schützen soll das Verfahren die Frauen vor männlicher Belästigung. Die Türkei ist wie Italien oder Griechenland ein Paradies für Familien – und auf dem Land eine Hölle für diejenigen, die ihr individuelles Leben ohne Trauschein verbringen wollen. Neugierige Nachbarn und nörgelnde Eltern warten nur darauf, dass man/frau heiratet. In den Metropolen hingegen gibt es viele WGs und Singlehaushalte. Ehe ohne Trauschein oder homosexuelle Partnerschaften sind auch in der Großstadt möglich – nur eintragen lassen kann man sie (noch) nicht.

FUSSBALLFIEBER

Wenn die Straßen leergefegt sind, weißt du Bescheid: Es gibt ein Derby zwischen zwei der drei großen İstanbuler Clubs *Fenerbahçe, Galatasaray* und *Beşiktaş.* Dann werden die Stadien großräumig abgesperrt und die Tickets sind nur noch auf dem Schwarzmarkt zu haben. Die Türken sind fast ausnahmslos Fußballnarren. Einziger Wermutstropfen: Die Nationalmannschaft schwächelt bei den großen internationalen Turnieren noch immer. Auch die Frauen sind aktiv. Die Frauenfußball-Liga wurde 2005 mit sieben Mannschaften neu gegründet, heute kämpfen in drei Ligen 36 Mannschaften um Plätze.

Die Spiele der ersten türkischen Männerliga werden im Pay-TV übertragen. Wer die große Fußballbegeisterung von Jung und Alt einmal miterleben will, sollte sich in das örtliche Kneipenviertel begeben – überall hängen Bildschirme, vor denen man mitfiebern kann.

> **INSIDER-TIPP**
> Mittendrin statt nur dabei

WENN DER MUEZZIN FÜNFMAL RUFT

Offiziell sind ca. 98 Prozent der türkischen Bevölkerung Muslime, sie gehören überwiegend der sunnitischen Richtung an. Du siehst überall fromm bedeckte Frauen, das sichtbarste Zeichen der islamischen Religion. Die meisten Moscheen sind jedoch – außer am Freitagmittag – fast leer: Die Zahl der wirklich streng praktizierenden Muslime hält sich mit ca. 20 Prozent in Grenzen. Etwa ein Viertel der Türken sind ohnehin Alewiten, d.h. sie sind dem Schiitentum zugeneigte, freiheitlichere Anhänger Alis, des Schwiegersohns Mohammeds. Sie gehen nicht in die Moschee und fasten nicht. Die beiden höchsten islamischen Feste sind *Kurban* (Opfer-

SO TICKT TÜRKEI

fest) und *Ramazan Bayramı* (Zuckerfest) – am ersten Tag bleiben die Museen in der Regel geschlossen. Im Fastenmonat Ramadan jedoch halten sich viele, gerade in der Provinz, an das Gebot, zwischen Sonnenauf- und -untergang weder zu essen, zu trinken noch zu rauchen. Es wird dann auf dem Land schwer, ein Mittagslokal zu finden.

VON POP BIS JAZZ

Ob Shakira, Tarkan, türkische „Kunstmusik" oder Sufi-Klänge: Musik wird dich in der Türkei auf Schritt und Tritt begleiten. Auch wenn überwiegend Popmusik gespielt wird, bietet die türkische Musik eine große regionale und tonale Vielfalt. Die „Kunstmusik" *(Türk Sanat Müziği)* mit byzantinischen und arabischen Einflüssen klingt getragen und erfordert von den Sängerinnen und Sängern große Stimmdisziplin. Die einfache Volksmusik Anatoliens und des Schwarzmeerraums klingt dagegen quirlig und kommt ohne Orchester aus. Ein paar Fideln, Trommeln und eine *saz* (Saiteninstrument) genügen. Du kannst in guten Musikgeschäften (z. B. der D&R-Kette) relativ preiswert CDs erwerben. Auch Jazz erfreut sich gerade in den Großstädten zunehmender Beliebtheit – in İstanbul, Ankara und İzmir finden im Sommer und Herbst regelmäßig Jazzfestivals mit internationaler Beteiligung statt.

RECHTE DER FRAUEN

Ob gegen Gewalt oder für eine freie Wahl beim Schwangerschaftsabbruch: In der Türkei gehen die Frauen auf die Straße. Die Frauenbewegung ist vor allem in den drei Hauptmetropolen İstanbul, Ankara und İzmir, aber auch in Städten wie Antalya, Sinop oder Van aktiv. Es gibt staatliche Frauenhäuser und viele Initiativen, die für Frauenrechte kämpfen. Ihnen gegenüber steht ein nicht zu unterschätzender Teil der Gesellschaft, der sich an der Religion orientiert und konservativ eingestellt ist. So verlaufen die Bruchlinien des Kulturkampfes hauptsächlich entlang der Probleme der Frauen – ein Kampf, der einmal auf der Straße, dann im Parlament, aber auch zu Hause ausgetragen wird.

Durch Lautsprecher am Minarett – wie hier in Kalkan – ruft der Muezzin zum Gebet

Neueste Trends der bedeckten Mode zeigt die Modanisa Modest Fashion Week in İstanbul

QUEER – UND GLÜCKLICH?

Der Christopher Street Day darf in der Türkei nicht mehr gefeiert werden, aber die Schwulen, Lesben und alle, die nicht nach den etablierten Geschlechternormen leben wollen, begehen ihn dennoch und verlangen ihre Rechte *(turkeygay.net)*. In Großstädten findest du Schwulen- und Lesbenkneipen, jedoch kaum Menschen, die ihre Gender-Einstellung offen nach außen tragen. In der Provinz zieht sexuelle Vielfalt neben Blicken auch mal Aggressionen auf sich – also ist in der Hinsicht gerade im Landesinneren Vorsicht geboten!

KLIMAWANDEL

Natürlich macht er sich auch in der Türkei bemerkbar. In Mittelanatolien drohen einige große Seen auszutrocknen, Wasserknappheit ist an der Tagesordnung, und das Wetter spielt hier auch manchmal ziemlich verrückt. So ist es in den letzten Jahren in Urlaubshochburgen wie Bodrum zu sintflutartigen Regenfällen gekommen, und vor Antalya und Marmaris wurden Hurrikans wie in den USA gesichtet. Die Wintergärten des Südens, wo viel Obst und Gemüse wächst, wurden durch Hagelstürme verwüstet. Die CO^2-Emission der Türken beträgt ca. 5 t pro Kopf/Jahr und liegt beim Weltdurchschnitt (Deutschland ca. 9 t pro Kopf/Jahr). Es gibt viele Bürgerinitiativen, die für mehr Engagement des Staates in Sachen Klima kämpfen – das Thema bleibt aktuell.

SO TICKT TÜRKEI

ZWEI MODEWELTEN

Lange hat die Türkei die westlichen Moden mitgemacht – ob Minirock und Schlaghosen in den 1970er-Jahren oder Skinny Jeans und Fake Fur in den 2010er-Jahren, die Großstädter halten mit! Dem gegenüber entstand aber auch eine konservative Modewelt. Mit eigenen Labels, Modeschauen und Geschäften hat die „Modest Fashion" (*Tesettür Modasi*), die bedeckte Mode, ein eigenes Terrain erobert. So gehen konservative Frauen in Ganzkörper-Badeanzügen baden oder tragen teure Seidenschals. Diese Welten existieren in der Türkei nebeneinander – nicht ganz ohne Unmut auf beiden Seiten. Wie lange noch, und wird zum Schluss eine die andere verdrängen? Das ist die Frage.

LITERATUR

Lange führte die türkische Literatur ein Nischendasein – bis 2006 ihr bekanntester Vertreter, Orhan Pamuk, den Literatur-Nobelpreis erhielt. Die Verleihung an einen türkischen Schriftsteller führte dazu, dass die Zahl der bei Verlagen eingesandten Manuskripte sich anschließend verzehnfachte. Spätestens als die Türkei 2008 Gastland auf der Frankfurter Buchmesse wurde, merkte das Kulturministerium, wie wichtig Kunst und Literatur ist, um sich der Welt zu öffnen. Und wie sehr dieser Bereich der staatlichen Unterstützung bedarf. Das Übersetzungsfonds Teda finanziert seitdem literarische Übertragungen in andere Sprachen. Wichtige Schriftsteller wie Sema Kaygusuz oder Ayse Kulin profitieren davon, Übersetzungen

KLISCHEE KISTE

ANMACHE? JEIN!

„Als Frau alleine in die Türkei geht gar nicht! Man wird überall angemacht und kann nirgendwo hingehen!" Tatsächlich ist Anmache vorprogrammiert, wenn du als Frau nachts allein durch die Straßen ziehst. Du solltest Aufenthalte an völlig einsamen Orten meiden. Ansonsten aber unterscheiden sich die türkischen Stadtzentren und Küsten kaum von Griechenland, Italien oder Spanien. Frauen sind überall in der Öffentlichkeit präsent, und am Strand sieht man kaum Kopftücher. Fremden nicht vertrauen, die Unterkunft im Zentrum buchen und nachts nicht lange allein draußen sein – das sind die Grundregeln für das Alleinreisen als Frau.

ANTIKE TRÜMMERSTÄTTEN

Viele antike Stätten glichen vor einigen Jahren eher einer Trümmerwüste als einer sehenswerten Ausgrabungsstätte. Die offiziellen Stellen hatten oftmals auch kein Geld, um das antike Erbe zu schützen und zu erforschen. Das hat sich geändert. Nicht nur Orte wie Troja, Pergamon oder Aspendos sind erschlossen und gut gesichert, auch viele kleinere Ausgrabungsplätze in der Provinz sind von türkischen Universitäten konserviert worden. Der Staat hat längst gemerkt, wie wichtig dieses Erbe nicht nur für den Tourismus ist.

guter türkischer Literatur sind inzwischen in fast allen Ländern der Welt zu finden.

DEMOKRATIE?

Die Türkei ist seit der Gründung der Republik 1923 geprägt von „starken Männern" – bisher gab es nur eine Ministerpräsidentin –, die die Politik im Guten wie im Schlechten dominiert haben. Sei es der Gründervater Mustafa Kemal Atatürk, der dem Land wesentliche Reformen wie die Gleichstellung der Frau, die Abschaffung des Kalifats und damit des Islams als Staatsreligion, die Einführung des lateinischen Alphabets und die Annäherung an Europa oft auch von oben aufzwang, oder Militärs, die immer wieder putschten und dann zeitweilig autoritär regierten, oder Recep Tayyip Erdoğan, der die Türkei zu einem islamisch dominierten Land machen will. Dennoch ist die Türkei seit dem Ende des Zweiten Weltkriegs eine Demokratie, und die Mehrheit der Bevölkerung will sich ihre politische Mitbestimmung auch nicht nehmen lassen. Bei Wahlen gehen in der Türkei im Schnitt wesentlich mehr Menschen wählen (über 85 Prozent) als in Deutschland. Deshalb musste Präsident Erdoğan nach Jahren großer Wahlerfolge zuletzt auch einige Niederlagen hinnehmen. Die schmerzlichste für ihn war 2019 der Verlust İstanbuls, der wichtigsten Stadt des Landes, an die sozialdemokratische Opposition, die mittlerweile in den Kommunen entlang der gesamten Ägäis- und Mittelmeerküste das Sagen hat.

KRISEN UND CHANCEN

Das Bild der Türkei in Deutschland ist immer noch geprägt von den Arbeitsmigranten, die in den 1950-Jahren nach Deutschland kamen. Diese Menschen stammten aus armen Gegenden, wo es keine Jobs gab. Die Türkei ist aber längst kein Entwicklungsland mehr, sondern übertrifft mit seinem durchschnittlichen Pro-Kopf-Einkommen von knapp 10 000 Dollar viele osteuropäische EU-Länder. Allerdings ist der Reichtum sehr ungleich verteilt und das nicht nur zwischen einer kleinen reichen Elite und der Masse, sondern auch geografisch. Im Westen des Landes, in der Region İstanbul, in İzmir und den großen Städten an der Mittelmeerküste, ist der Lebensstandard mindestens doppelt so hoch wie in

SO TICKT TÜRKEI

Saisonarbeiter im zentralanatolischen Nallıhan

Zentralanatolien und im Osten. Deshalb verlassen noch immer viele Leute die armen Gegenden und ziehen in die Zentren im Westen. Generell ist das Pro-Kopf-Einkommen in den letzten zwanzig Jahren stärker gestiegen als in Deutschland oder den anderen reichen Industrieländern. Vor allem die Jahre von 2002 bis 2012 waren durch ein starkes Wachstum geprägt. Mittlerweile ist die Türkei in eine Wirtschaftskrise gerutscht: Die türkische Lira ist gegenüber dem Euro immer weniger wert. Alles ist somit günstiger als in Deutschland. Die florierende Tourismusbranche, die neben der Auto- und Textilindustrie zu den Motoren der türkischen Wirtschaft zählt, erfuhr durch den Ausbruch der Corona-Pandemie 2020 einen herben Rückschlag.

KIRCHENGLOCKEN

Christen sind heute in der Türkei nur noch eine kleine Minderheit. Das war zu Anfang des 20. Jhs. noch anders, als mehrere Millionen Christen im damaligen Osmanischen Reich lebten. Doch durch die Vertreibung der Armenier während des Ersten Weltkriegs und den großen Bevölkerungsaustausch zwischen Griechenland und der Türkei nach dem Ende des türkischen Befreiungskriegs im Jahr 1922 ist die Zahl erheblich zurückgegangen. Fast alle Christen leben heute in İstanbul. Ihr Status ist im Friedensvertrag von Lausanne aus dem Jahr 1923 geregelt, in dem Minderheitenrechte wie eigene Schulen und andere kulturelle Institutionen festgeschrieben sind.

Schlemmen mit Meerblick – im Urlaubsglück auf der Bodrum-Halbinsel

ESSEN & TRINKEN

Die kulinarische Vielfalt der türkischen Küche kann es mit jedem anderen mediterranen Land aufnehmen: Sie ist auch für Mitteleuropäer gut verträglich und selten übermäßig gewürzt. Der Ursprung vieler türkischer Gerichte lässt sich in die Nomadenzeit der frühen Turkvölker zurückverfolgen, etwa die diversen Arten von in Lehmöfen gebackenen Brotsorten, die Joghurtspeisen oder Lammgerichte.

START IN DEN TAG

Das Frühstück fällt in der Türkei im Vergleich zu Mitteleuropa eher karg aus: Weißbrot, Schafskäse und schwarze Oliven bilden den Grundstock. In Cafés und am Frühstücksbuffet deines Hotels findest du aber eine viel größere Auswahl. Dazu gehören nicht nur diverse andere Brotsorten, sondern auch ein Eiergericht namens *menemen* mit Tomaten und Paprika, Omeletts in verschiedenen Varianten und Müsli und Co. Wurstsorten werden eher beschränkt angeboten und sind wegen der eher laschen Nahrungskontrollen nicht empfehlenswert. Die Ausnahme bildet allerdings *sucuk*, eine einheimische Knoblauchwurst, die lange lagern kann.

MITTAGS INS GÜNSTIGE LOKAL

Türken essen gerne zweimal am Tag warm, weshalb du überall Mittagslokale findest. Diese *lokanta* sind oft im Marktviertel zu finden, bieten leckere türkische Speisen wie gefüllte Paprika oder rein Vegetarisches wie Spinat mit Reis an. Du kannst in der Regel zwischen vier oder fünf Hauptgerichten und Reis oder Nudeln als Beilage wählen. Und zahlst nur wenige Euro für ordentliche Portionen. Die meisten *lokanta* schließen am Nachmittag.

> **INSIDER-TIPP**
> Satt und glücklich

Pide, kuzu pirzola, sucuk, bulgur ... – die Auswahl ist groß (li.). Ein Glas çay geht immer (re.).

KULINARISCHER HÖHEPUNKT

Für das Abendessen, die türkische Hauptmahlzeit des Tages, solltest du viel Zeit mitbringen, falls du in ein Restaurant gehst. Für manche sind die *meze*, die Vorspeisen, bereits der Höhepunkt der türkischen Küche. Du kannst sie dir in einer Kühltheke anschauen und eine Auswahl treffen. Meistens sind das joghurthaltige Salate, Auberginen, aber auch Fischsalate mit Sardinen oder Oktopus. Es gibt auch warme Vorspeisen: Mit Käse gefüllte Teigtaschen, Kalamares oder überbackene Shrimps.

In der Regel kommt als Hauptgericht Fleisch oder Fisch in Frage, das du roh begutachten kannst. Frag bei Fisch ruhig vorher nach dem Preis, um nicht anschließend eine gepfefferte Rechnung serviert zu bekommen! Vegetarier und Veganer halten sich an die Vorspeisen oder lassen sich z. B. überbackene Pilze machen.

Fisch und Fleisch werden am liebsten gegrillt und ohne jede Sauce gegessen. Lamm *(kuzu)* und Rind *(sığır)* werden darum meist auf dem Holzkohlegrill oder im Ofen zubereitet (am Spieß heißt das Fleisch *şiş*), sparsam gewürzt und serviert. Dazu gibt es Salat und Reis *(pilav)*, grob geschroteten Weizen *(bulgur)* oder Kartoffeln *(patates)*. Außer der Fast-Food-Variante mit den dünn geschnittenen Döner-Scheiben im Brot *(pide)* gibt es Dutzende anderer Zubereitungsmöglichkeiten für Fleisch. Aus Ostanatolien stammen die Variationen *patlıcan kebabı* (mit Hackfleisch gefüllte Auberginen am Spieß) oder *saç kebabı* (geschnetzeltes Lamm mit Champignons und Tomaten, in der Pfanne gebraten).

An den Küsten dominieren Fisch und Meeresfrüchte naturgemäß die Speisekarte. Empfehlenswert sind *levrek* (Seebarsch), *lüfer* (Blaubarsch), *çupra* (Meerbrasse), *kalkan* (Steinbutt) und

Zuckersüße Versuchung zum Nachtisch oder für zwischendurch: *baklava*

palamut (Thunfisch). An der Mittelmeerküste bekommst du auch frischen Hummer *(ıstakoz)*. Für die kleine Schwarzmeersardine *(hamsi)* kennen die Bewohner der Nordküste angeblich mehr als 40 Arten der Zubereitung.

SÜSSER ABSCHLUSS

Auch der Nachtisch birgt Überraschungen: Verschiedene Sorten von Blätterteiggebäck, mit Zuckersirup übergossene Pasteten und Schokopuddings gehören dazu. Er wird bereichert durch frisches Obst: Honig- und Wassermelonen, Weintrauben, Pfirsiche, selten auch schwarze Maulbeeren *(karadut)*. Zum Abschluss gibt's das obligatorische Tässchen türkischen Mokkas *(türk kahvesi)*. Du bestellst ihn entweder *sade* (ungezuckert), *orta* (mittelsüß) oder *şekerli* (gesüßt).

TEE, WEIN, BIER ...

Das türkische Nationalgetränk ist Tee *(çay)*. Er wird in kleinen, tulpenförmigen Gläsern serviert. Tafelwasser ohne Kohlensäure heißt *su*, mit Kohlensäure *soda*.
Auf Alkohol gibt es im Land hohe Steuern, daher ist er sehr teuer. Ausländische Weine gibt es nur in exklusiven Lokalen. Dafür sind die einheimischen Marken *Doluca* und *Kavaklıdere* solide Tischweine. Beim Bier gibt es eine große Auswahl, empfehlenswert sind die Marken *Efes* und *Tuborg*.

WO EINKEHREN?

Man unterscheidet zwischen Restaurants *(restoran, lokanta)* oder einfachen Esslokalen *(meyhane)*. *Birahane* sind Bierhäuser, um die eine Frau besser einen Bogen macht. Typisch für ein gutes Restaurant ist, dass eine Heerschar Kellner bereitsteht. In *ocakbaşı* genannten Lokalen gibt es Gegrilltes *(ızgara)* von einem großen Grill *(mangal)*, der sich meist in der Mitte des Raums befindet. Hier wird das Urlaubsbudget nicht so sehr strapaziert. In Konditoreien *(pastahane)* bekommst du oft auch Kuchen und Torten.
Wenn das Essen geschmeckt und die Bedienung gestimmt hat, hinterlässt man auf dem Tisch üblicherweise zehn Prozent Trinkgeld.

ESSEN & TRINKEN

Unsere Empfehlung heute

Vorspeisen

ARNAVUT CIĞERI
gebratene, kalte Leberstückchen
mit Zwiebeln

AHTAPOT SALATASI
Tintenfischringe in Öl
mit grünen Oliven

PATLICAN SALATASI
Salat aus Schafskäse und auf Holzkohle
gegrillten Auberginen

SIGARA BÖREĞI
Blätterteigröllchen, klassisch gefüllt
mit Schafskäse und Petersilie

Hauptgerichte

BIBER DOLMASI
mit Hackfleisch und Reis
gefüllte Paprikaschoten

KÖFTE
Nationalgericht aus kleinen,
gegrillten Hackfleischbällchen

KUZU PIRZOLA
zarte Lammkoteletts, gegrillt *(izgara)*
oder gebraten *(tava)*

MANTI
türkische Ravioli, serviert mit
Knoblauchjoghurt und frischen
Minzblättern

KARNI YARIK
mit Zwiebeln und Hackfleisch
gefüllte Auberginen

Desserts

BAKLAVA
süßer, mit Walnüssen gefüllter Teig

MUHALLEBI
Milchpudding aus Stärke, Reismehl
und Reis

Getränke

AYRAN
Joghurtgetränk mit Wasser
und Salz

ÇAY
schwarzer Tee im Glas

RAKI
hochprozentiger Anis-Schnaps

SU
stilles Wasser

SHOPPEN & STÖBERN

PARADIES FÜR SPARFÜCHSE

Vorbei die Zeit, als man aus der Türkei nur handbemalte Keramik, Lederjacken oder kleine Teppiche mitbrachte. Das alles gibt es immer noch, und die Auswahl ist groß. Aber mitnehmen will man nun auch vieles, was es zwar so oder anders auch zu Hause gibt, nur hier zu anderen Preisen – von Kleidung über Schuhe bis zu Handtaschen aus Leder. Fast alle internationalen Marken sind auch hier zu haben, nur günstiger, weil die Preise der örtlichen Kaufkraft angepasst sind. Außerdem machen türkische Geschäfte permanent Angebote wie „Kauf drei, zahl nur zwei" oder „Hundert Lira Rabatt für Einkäufe über 500 Lira". Das lohnt sich nicht nur bei teurer Mode, sondern auch bei Unterwäsche, Socken etc. Die Geschäfte findest du in Fußgängerzonen und Einkaufszentren. Wo du das Schild „Tax Free" siehst, kannst du die Mehrwertsteuer rückerstattet bekommen. Dazu lässt du dir ein Formular im Geschäft ausfüllen (Einzelheiten findest du unter *globalblue.de*).

INSIDER-TIPP
Hohe Qualität, niedriger Preis

ALT UND ANTIK?

Zu den beliebtesten Mitbringseln aus der Türkei gehören Kupfer- und Messingwaren, Silber- und Goldschmuck, Wasserpfeifen, Keramik, Münzen und Steine, die alt aussehen, aber sind sie es wirklich? In den meisten Fällen nicht. Zahl also lieber nicht ein Vermögen für etwas, was nur auf alt getrimmt wurde. Achtung: Falls deine Shoppingbeute wirklich antik, d. h. über einhundert Jahre alt ist, kannst du sie nur mit amtlichen Begleitpapieren ausführen. Frag auf jeden Fall nach Belegen, wenn der Verkäufer auf dem antiken Charakter pocht.

Antiquitäten, Tücher, Teppiche: Zum Feilschen in den Basaren brauchst du Geduld und Humor

GOLD UND SILBER

Bei Goldschmuck gilt in der Türkei wie überall anders auch: je aufwendiger die Verarbeitung, desto teurer wird das gute Stück. Es lohnt sich auf jeden Fall, abseits der touristischen Pfade nach nicht so stark besuchten Juwelieren zu suchen. Der tagesaktuelle Goldpreis muss ausgehängt sein, er ist im Vergleich zu Westeuropa deutlich niedriger. Beim ebenfalls günstigen Silber solltest du auf den Stempel im Innern oder auf der Rückseite des Schmuckstücks achten. Das Stück wird gewogen und der Preis errechnet.

LEDER UND BAUMWOLLE

Produkte aus Leder und Baumwolle gehören zu den klassischen Souvenirs. Nicht überall jedoch bekommst du erstklassige Ware. Das Leder sollte gut durchgefärbt sein. Dicke ist nicht Steife: Die Hose oder Jacke muss sich nach einer Weile an deinen Körper schmiegen können wie eine zweite Haut. Das Leder-Qualitätszeichen schützt vor mangelhafter Ware.

Schöne Baumwollstoffe kriegst du auf fast allen Wochenmärkten zu günstigen Preisen. Oft sind die Stoffe naturgefärbt und mit schönen Stickereien verziert.

TEPPICHE

An zahllosen Webstühlen auf dem Land entstehen sie bis heute: die handgeknüpften türkischen Teppiche. Die besten kommen aus Bergama, Konya, Kayseri und Uşak. Je mehr Knoten, desto wertvoller. Als Beweis guter Arbeit sollte das Teppichmuster auf dem Rücken ebenso gleichmäßig erscheinen. Naturseide ist kostbarer als Kunstseide, Baumwolle wertvoller als Chemiefasern. Der Schwierigkeitsgrad eines Teppichs zeigt sich unter anderem daran, ob das Muster einen häufigen Farbwechsel aufweist.

SPORT

Auch wenn das Lieblingsziel der Pauschaltouristen immer noch die türkische Riviera ist, nimmt die Zahl derer zu, die für einen Aktivurlaub in die Türkei reisen. Unberührte Berglandschaften, bezaubernde Wanderrouten und die herrliche Natur machen das Land zu einem lohnenden Ziel von Amateur- und Profisportlern.

BERGSTEIGEN

Vom höchsten Berg Ağrı (Ararat) im Osten (5137 m) bis hin zum Taurusgebirge (Toroslar) am Mittelmeer oder den Karadeniz Dağları und Kaçkarlar entlang der Schwarzmeerküste reichen die Bergspitzen in der Türkei.

Mittelhohe Gebirge wie *Kazdağı, Ilgaz, Samanlı, Bolu* oder *Uludağ* laden zum Felsensteigen und zu Wandertouren ein. Das *Taurusgebirge* ist im Sommer wie im Winter für Bergsteiger geeignet. Im Westen halten die *Beydağları* und *Akdağlar* mit ihren 3000er-Gipfeln gute Routen für Winterwanderer und Kletterer bereit. Im mittleren Bereich liegen die *Bolkar* und *Aladağlar*, durch den *Gülek-Pass* getrennt. Hier kannst du Bergseen in 2000 m Höhe, Cañons und Höhlen erkunden. Am östlichen Schwarzmeer gelegen ist das *Kaçkar-Gebirge* mit Gipfeln wie dem *Verçenik* (3932 m) und seiner grünen Vegetation. Vor Ort findest du erfahrene Bergführer in kleinen Agenturen, oder du buchst gleich von zu Hause aus eine Bergtour bei einem Spezialanbieter.

BOOTSTOUREN

Yachttouren in der Südägäis oder an der Riviera gehören zu den schönsten Reisen, die man in der Türkei unternehmen kann. Vor Antritt einer „Blauen Reise" solltest du dich über

Auf Segeltörn im Mittelmeer

Termine, Routen und Preise im Internet informieren. Du kannst ein ganzes Boot mit Besatzung oder auch nur einzelne Kabinen chartern. Die Routen verlaufen zwischen Antalya, Kaş, Fethiye, Marmaris und Bodrum sowie auf Wunsch auch zu den griechischen Inseln. Gute Anbieter sind u. a. *Albatros Yachting (Fevzi Çakmak Cad. 11 | Marina Fethiye | Tel. 0252 61 22 24 | GSM 0533 3 77 83 85 | albatrosyachting.com)* und *Ece Yachting (Fevzi Çakmak Cad. 23 A | Marina Fethiye | Tel. 0252 6 14 00 14 und 0252 6 14 40 20 | eceyachting.com).*

GOLF
Beliebt bei Golfern sind die Anlagen an der Mittelmeerküste. Der *Gloria Golf Club (18 Loch, Par 72, 6288 m | Acısu Mevkii | Belek/Antalya | Tel. 0242 7 15 15 20 | gloria.com.tr)* ist ein Fünf-Sterne-Hotelkomplex auf 110 ha mit eigenem Kursangebot. Der auf 92 ha angelegte Championship-Golfplatz mit engen Fairways des *National Golf Club (18 Loch, Par 72, 5569 m | Belek Turizm Merkezi | Serek | Tel. 0242 7 25 54 00 | nationalturkey.com)* ist anspruchsvoll.
Kemer Golf & Country Club (Tel. 0212 2 39 77 70 | kemercountry.com) ist nur etwa 30 Minuten vom Stadtzentrum İstanbuls entfernt und in einem Wald *(Belgrad Orman)* gelegen.

KAJAK
Sehr beliebt ist es, einzeln oder zu zweit in einem Kajak an der Küste entlangzupaddeln. Die schönsten Touren machst du im und um den *Gökova-Golf* bei Marmaris und in dem ruhigen Flüsschen *Kadın Azmağı*. Viele Beachclubs und Hotels verleihen Boote. Zwischen den Buchten *Akyaka* und *Çınar* gibt es schöne Strände und ebenfalls kleine, kühle Bäche.

Nichts für Wasserscheue: Rafting im Köprülü Kanyon

INSIDER-TIPP
Überraschende Wegbegleiter

Bei Tagestouren zum Kleopatra-Strand auf der Insel *Sedir Adası* begegnest du mit Glück neben Meeresschildkröten sogar Delphinen.
Die Preise der geführten Touren variieren je nach Dauer zwischen 20 und 45 Euro pro Person. Du kannst auch einwöchige Touren von Datça nach Bozburun und zurück buchen, die u. a. von *Alternatif Raft (Şirinyer Mah., 133. Sok. 10/1 | Marmaris | Tel. 0252 4 17 27 20 | alternatifraft.com)* angeboten werden.

PARAGLIDING
Ölüdeniz/Fethiye: Vom Berg *Babadağ* in 1700 m Höhe geht's nach unten. Wegen der Meereslage und ruhiger Windverhältnisse schaffen es geübte Flieger, 5 Stunden in der Luft zu bleiben und auf bis zu 3500 m Höhe zu steigen. Der lange, breite Strand ist ideal zur Landung. Der Höhenflug *(ab ca. 60 Euro)* wird am Vortag vor Ort gebucht und geübt, z. B. bei *Intersky (Foça Mah. 1054 Sok. 50 am Çalış-Strand | Fethiye | Tel. 0252 6 22 03 07 | intersky.com)* oder *Skywalkers (Ölüdeniz, 224 Sokak | GSM 0545 6 16 79 29 | skywalkers.com.tr)*.

RAFTING
Die türkischen Flüsse sind das ganze Jahr hindurch für Rafting geeignet. Erfahrene Reiseleiter begleiten die Gruppen. Ab 14 Jahren darf jeder Schwimmer mit. Weltspitze: Der *Çoruh* (über 350 km) entspringt in 3500 m Höhe und fließt ins Schwarze Meer: Zu buchen u. a. bei *Buklamania (Yeni Çarşı Cad. 28/1 | Galatasaray | İstanbul | Tel. 0212 2 45 06 35 | bukla.com)*. Ausflüge zum Dalaman-Fluss

SPORT

bietet *Alternatif Outdoor (Marmaris | Tel. 0252 4 17 27 20 | alternatifraft.com)*

REITEN

Unbedingt zu empfehlen: Am endlosen Patara-Strand bei Kaş bietet die deutschsprachige Pension *St. Nicholas (Patara Gelemiş Mah. 100 | Kaş | Tel. 0242 8 43 51 54 | stnicholaspension-patara.com)* unvergessliche Reittouren an. In Alanya kannst du Tagestouren in das Taurusgebirge unternehmen, z.B. mit *Fresh Tourism (Tosmur Mah. 4. Sokak 2/F gegenüber dem Hotel Grand Kaptan | Alanya | touralanya.com)*.

SKIFAHREN

Die Türkei hat hohe Gebirge, wo die Schneedicke im Normalfall 3 m erreicht. Die Haupt-Skigebiete der Türkei sind: Uludağ (Bursa), Kartalkaya (Bolu), Palandöken (Erzurum), Erciyes (Kayseri), Sarıkamış (Kars), Ilgaz (Kastamonu), Ladik Akdağ (Samsun) und Davraz (Denizli).

Saklıkent/Antalya: Stell dir vor, es ist März, und in Antalya wird gebadet und gesurft. Du bist schon braungebrannt und glücklich. Und dann fährst du 50 km weiter, nordwestlich in die Beydağları-Berge. Auf 2200 m Höhe steckst du plötzlich bis zu den Knien im Schnee, mietest dir Skier und saust durch eine weiße Waldlandschaft …

Gute und günstige Hotelangebote findest du auf *tatilsepeti.com* unter „Kayak Otelleri" (Ski-Hotels). Dann kannst du die Hotels selbst kontaktieren.

TAUCHEN

Du kannst im Prinzip überall an den türkischen Küsten tauchen gehen. Angebote findest du in der Regel am Hafen, wo die Agenturen mit Schildern und Flyern werben.

Viele Anfänger gehen nach Kaş, um den PADI- oder CMAS-Tauchschein zu machen, der von mehreren Schulen mit eigenem Boot angeboten wird, z.B. von *Nautilus Diving (Likya Cad. 1/A | Kaş-Antalya | Tel. 0242 8 36 20 85 | nautilusdivingkas.com)*.

Die Tauchgründe in und um die Dardanellen sind mit ihren zahlreichen Schiffswracks auch gerade für erfahrene Taucher sehr reizvoll.

Ausführliche Infos über türkische Tauchresorts auf Deutsch findest du unter *taucher.net* und *travel.padi.com*.

TREKKING

Zwei gut markierte Wege machen das Wandern in der Südtürkei zu einem echten Erlebnis: der 509 km lange *Lykische Wanderweg (trekkinginturkey.com)* von Fethiye nach Antalya und der *Apostel-Paulus-Pfad,* der von Perge oder Aspendos bei Antalya zum Eğridir-See führt *(cultureroutesinturkey.com)*. Diese 500 km lange Route zeichnet den Weg nach, den Paulus auf seiner Missionsreise einst zurückgelegt haben soll, und führt z.T. auf 2200 m hohe Bergketten.

Der neu hinzugekommene *Karische Weg (cultureroutesinturkey.com/carian-trail)* führt über die Hisarönü-Halbinsel und nach Datça, ist jedoch noch nicht markiert.

Die vulkanischen Täler von *Kızılçukur, Güllüdere* und *Zindanönü*, die in Felshöhlen gebauten Dörfer und der Damsa-See machen das Trekking in *Kappadokien* unvergesslich.

WESTKÜSTE

ZWISCHEN ANTIKEN RUINEN UND BADESTRÄNDEN

Die West- oder Ägäisküste der Türkei ist eine bezaubernde Welt für Kulturinteressierte und Erholungssuchende. Von İstanbul bis Bodrum erstreckt sich eine 700 km lange, buchtenreiche Küste. Im Hinterland gedeihen Oliven, Wein und Tabak.
Der 5000 Jahre alte Siedlungs- und Kulturraum wartet mit großartigen Resten aus der Antike auf; Troja, Ephesos und Pergamon sind nur einige von zahlreichen Ausgrabungsstätten. Naturerscheinungen wie die Kalksinterterrassen von Pamukkale wechseln sich mit

In Bodrums mittelalterlicher Burg findest du das einzige Unterwassermuseum der Türkei

Yachthäfen, Ferienanlagen und Fischerdörfern ab. Der Massentourismus ist hier noch nicht überallhin vorgedrungen. Ausführliche Informationen findest du in den MARCO POLO Bänden „İstanbul" und „Türkische Westküste".

WESTKÜSTE

MARCO POLO HIGHLIGHTS

★ **TOPKAPI-PALAST**
Ein Märchen aus 1001 Nacht:
Verwinkelt, verwunschen, verzaubernd
➤ S.44

★ **HAGIA SOPHIA**
Einst die größte Kathedrale des
Abendlands – ein Erlebnis! ➤ S.45

★ **TROJA**
Die sagenhafte Stadt Homers entdecken
➤ S.51

★ **ASSOS**
Malerisches Ägäisdorf mit antiker
Vergangenheit ➤ S.51

★ **ÇEŞME**
Die Halbinsel vor İzmir ist ein Freizeit-
und Wellness-Eldorado ➤ S.56

★ **EPHESOS**
Eine wiederaufgebaute antike
Metropole ➤ S.57

★ **PAMUKKALE**
Faszinierend und heilsam: die warmen
Quellen der berühmten Sinterterrassen
➤ S.58

★ **„BLAUE REISE"**
Romantische Mittelmeertour im *gulet*,
dem traditionellen Holzsegelboot
➤ S.60

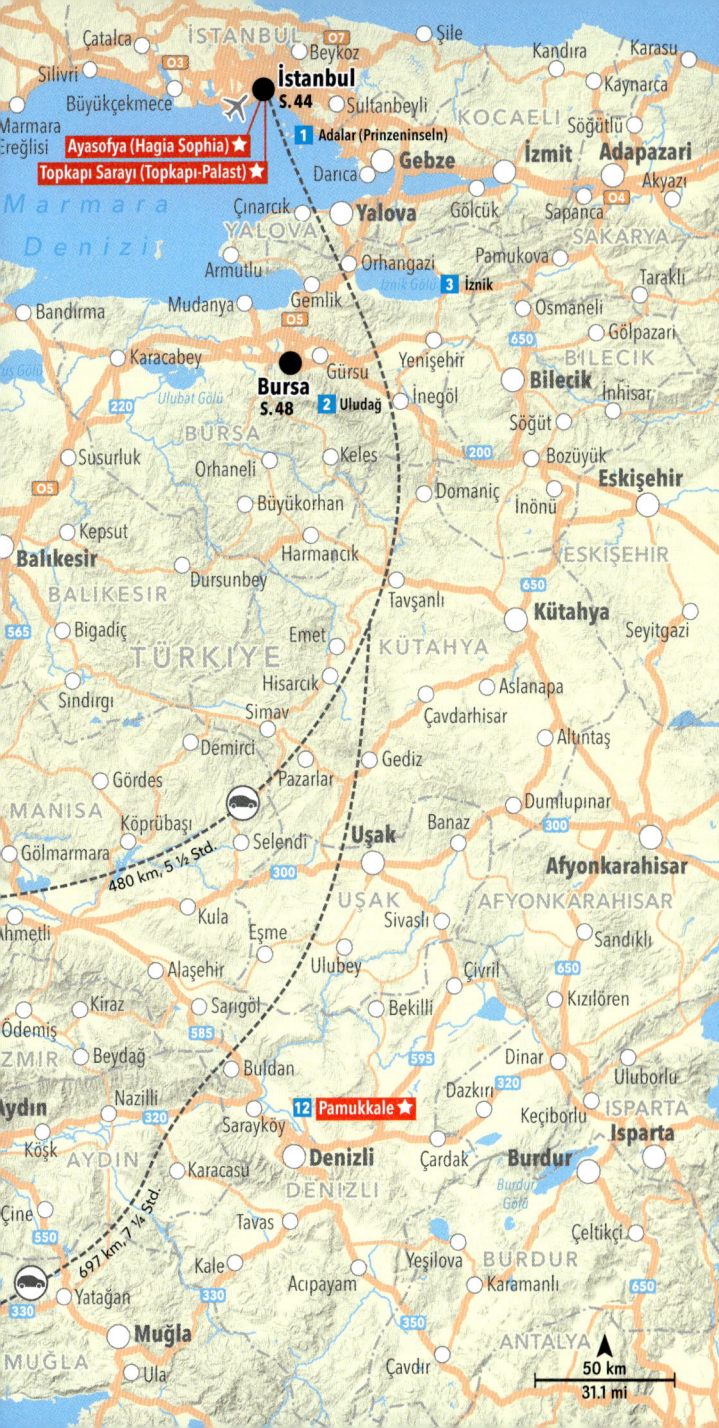

İSTANBUL

(⌑ D2) **Die heimliche Hauptstadt der Türkei zeigt sich auf den ersten Blick riesig (ca. 15 Mio. Ew. im Großraum), laut und chaotisch. Aber das Leben läuft in einzelnen Bezirken recht geordnet ab. Die Kriminalitätsrate ist niedrig und das öffentliche Verkehrsnetz gut ausgebaut. Bei einem kürzeren Besuch von wenigen Tagen solltest du dich auf die historische Halbinsel Sultanahmet und den europäischen Teil Beyoğlu konzentrieren.**

Als Konstantinopel war İstanbul vom 4. Jh. bis 1453 Hauptstadt des byzantinischen Reichs, darauf folgte die Herrschaft der Osmanen, die der Stadt ihren heutigen Namen gaben. İstanbul ist auf zwei Kontinenten gebaut. Der Bosporus trennt die Stadt nicht nur in zwei Teile, sondern sorgt immer auch für eine frische Brise. Egal, wie kurz man hier ist, eine Bootsfahrt muss allein schon wegen der tollen Sicht auf die beiden Ufer unbedingt drin sein! Mit einem Durchschnittsalter von knapp 30 Jahren besitzt İstanbul die jüngste Bevölkerung des Landes, was man an ihrer Dynamik sofort spürt.

Unterkünfte findest du in der Altstadt Sultanahmet und um den Taksim-Platz herum. Das Angebot an Gastronomie ist schier unendlich, und shoppen kannst du nicht nur im Großen Basar.

WOHIN ZUERST?

Sultanahmet-Platz (⌑ d4)**:** Östlich liegen der Topkapı-Palast und die Hagia Sophia, im Westen sind die Minarette der Blauen Moschee zu erkennen. Hier stehst du mittendrin auf der „Historischen Halbinsel". Das Goldene Horn trennt dich vom Bosporus: Links der europäische Teil mit Beyoglu/Pera, rechts das asiatische Ufer. Von Sultanahmet gehst du zu Fuß runter zur Galata-Brücke oder fährst mit der Straßenbahn zum Großen Basar.

SIGHTSEEING

TOPKAPI SARAYI (TOPKAPI-PALAST) ★

Herrliche Interieurs, ein toller Ausblick: Der Topkapı war vier Jahrhunderte lang Sitz der osmanischen Sultane und ist heute noch das Wahrzeichen der Stadt. Die Palastanlage auf der historischen Halbinsel wuchs ab 1460 hinter den weitläufigen Mauern schrittweise zu dem verwirrenden Komplex aus Toren, Höfen und Pavillons im Grünen. Zu den ausgestellten Kostbarkeiten des Topkapı gehören Schmuck und Keramik, eine Waffensammlung und Reliquien des Propheten Mohammed. Von seiner Terrasse aus überblickst du die ganze Stadt. *Palast, Harem und die byzantinische Kirche Hagia Irene im Vorhof Mi–Mo Mitte April–Okt. 9–18.45, Nov.–Mitte April 9–16.45 Uhr; Kasse schließt jeweils eine Stunde früher | Eintritt Topkapı ca. 10, Harem ca. 6 Euro | Sultanahmet | topkapisarayi.gov.tr | ⏱ 3 Std. | ⌑ d–e4*

WESTKÜSTE

Die Blaue Moschee in İstanbul repräsentiert die Blüte des Osmanischen Reichs

AYASOFYA (HAGIA SOPHIA) ★

Byzantinische Kirche, Moschee, Museum und seit 2020 wieder Moschee – die Hagia Sophia machte in ihren 1400 Jahren mehrere Umwidmungen mit. Die einst größte Basilika des byzantinischen Reichs gehört zu den architektonisch bedeutsamsten Bauten der Geschichte. Die einzigartige Kuppel ist 18 Stockwerke hoch und hat einen Durchmesser von 30 m. Die Besichtigung kannst du im Erdgeschoss beginnen und auf den Galerien enden, von wo du noch einmal einen grandiosen Blick auf den Innenraum hast. *Außer zu Gebetszeiten tgl. im Sommer 8–20, im Winter 8–18 Uhr | Sultanahmet | ca. 1 Std. | d4*

YEREBATAN SARNICI (VERSUNKENER PALAST)

Der unterirdische byzantinische Bau gegenüber der Hagia Sophia ist erstaunlich groß und schön restauriert. Die Kuppeldecke wird von 336 meist mit korinthischen Kapitellen geschmückten Säulen getragen. Zwei von ihnen stehen auf fotogenen Medusenhäuptern. Der Speicher wurde 532 von Kaiser Justinian erbaut, um den Wassernotstand in der Stadt zu beheben. Heute finden hier auch Konzerte und Lesungen statt. *Mai–Sept. tgl. 9–18.30, Okt.–April bis 17.30 Uhr | Eintritt ca. 4 Euro | Yerebatan Cad. 7 | yerebatan.com | 1 Std. | d4*

SULTANAHMET CAMII (BLAUE MOSCHEE)

Die blaue Moschee erhielt ihren Namen von den 20 000 grün-blauen Fayencen, die die Wände und die Minarette schmücken. Der Bau wurde 1616 durch den Hofarchitekten Mehmet Aga vollendet. Mit ihren sechs Mina-

İSTANBUL

retten ist sie eine der größten Moscheen des Islam. *Sa–Do 8.30–11.30, 13–14.30 und 15.30–16.45 Uhr | Sultanahmet Meydanı 7 | d5*

KAPALI ÇARŞI (GROSSER BASAR)
Ein Bummel durch den größten gedeckten Basar oder das erste „Einkaufszentrum" der Welt (erbaut 1461) gehört zum Pflichtprogramm jedes İstanbul-Besuchs: 30 ha groß, 61 Straßen, 4400 Läden. Zu kaufen gibt es vor allem Teppiche, Leder, Juwelen und Souvenirs. *Tgl. 8–19 Uhr | Beyazit | kapalicarsi.org.tr | c–d4*

GALATA KULESI (GALATA-TURM)
Einen grandiosen Rundblick über Beyoğlu bietet der Galata-Turm. 1348 erbaut, war er seinerzeit das höchste Glied einer Befestigungsanlage und erhebt sich auch heute über 66 m hoch über dem Goldenen Horn. Du gelangst mit dem Aufzug hinauf, an einem Restaurant vorbei geht es dann noch eine Treppe hoch zur Aussichtsgalerie. *Tgl. 9–19 Uhr | Büyük Hendek Cad. | Eintritt ca. 5 Euro | d3*

ESSEN & TRINKEN

RUMELIHISARI İSKELE
Die alte Anlegestelle vor der mächtigen Burg Mehmeds des IV. dient als hervorragendes Fischlokal. Einen Tisch am Wasser solltest du vorher reservieren. *Rumeli Hisarı Mah. | Yahya Kemal Cad. 1 | Tel. 0212*

İstanbuls Großer Basar: Über 4000 Läden werben hier um Kundschaft

WESTKÜSTE

2 63 29 97 | rumelihisariiskele.com | €€€ | 🗺 0

SULTANAHMET KÖFTECISI
Seit genau 1920 existiert das einfache Lokal gegenüber der Hagia Sophia, berühmt für seine gegrillten Hackbällchen. Man isst dazu (oder auch nur) einen Salat mit Bohnen und schließt das Menü mit Halwa ab. *Divanyolu Cad. 26 | Tel. 0212 5 22 97 85 | halkin koftecisi.com | € | 🗺 d4*

SHOPPEN

KASHIF SOFA
Schier unendlich ist das Angebot des alteingesessenen Antiquitätengeschäfts. Von Kalligrafien über kleine Objekte, Porzellan und Holz bis zur modernen Kunst – alles hier ist handgefertigt. Der Besuch ist ein wahres Erlebnis! *Mo–Sa 10–18 Uhr | Şahkulu Seraskerci Sok. 2 | Beyoğlu | kashifsofa.com | 🗺 d3*

TÜRK-ALMAN KITABEVI & CAFE
Wenn du deine Urlaubslektüre nicht mitnehmen konntest oder deine Nachrichtenmagazine vermisst – hier kannst du sie vor Ort erwerben. Josef Mühlbauer führt in zweiter Generation den fein sortierten, großen Buchladen mit Café und Lesesalon weiter und bietet deutsches Brot und deutschen Kuchen zu Kaffee oder Wein an. *Mo–Fr 7–22, Sa–So 9–0 Uhr | İstiklal Cad. 237 | Beyoğlu | Tel. 0212 2 93 77 31 | turkalmankitabevi.com | 🗺 d3*

> **IDER-TIPP**
> Schmökern und schlemmen

WELLNESS

SÜLEYMANIYE HAMAMI
Das 1550 vom Hofarchitekten Mimar Sinan erbaute Bad in der Nähe der gleichnamigen Moschee gehört zu den schönsten des Landes. Für einen Besuch mit Waschen, Peeling und Massage (ca. 90 Min.) zahlst du 40 Euro (keine Kreditkartenzahlung möglich), Schließfach, Handtücher und Waschzeug inkl. *Tgl. 10–22, letzter Einlass 20 Uhr | So 7–9 Uhr nur für Frauen geöffnet | Mimar Sinan Cad. 20 | Fatih | Tel. 0212 5 19 55 69 | suleymaniyehamami. com.tr | 🗺 c4*

RUND UM İSTANBUL

1 ADALAR (PRINZENINSELN)
Ca. 30 km südöstl. von İstanbul (Kabataş) / 1 Std. (Boot)
Die fünf bewaldeten und autofreien Inseln vor İstanbul sind mit ihren herrlichen Holzvillen eine Augenweide. Neben dem Fahrrad sind Pferdekutschen das einzige verfügbare Verkehrsmittel. Vor allem Kinder haben hier mit 🐴 Eselreiten, Schwimmen und Eisessen einen Riesenspaß. Fähren, Motorboote und schnellere Katamarane gibt es von den Stationen Kabataş (europäische Seite) und Kadıköy bzw. Bostancı (asiatische Seite). *Tickets 1–3,50 Euro | aktueller Fahrplan: ido. com.tr, sehirhatlari.com.tr | 🗺 D2*

47

BURSA

(D3) **Die viertgrößte Stadt (ca. 3 Mio. Ew.) der Türkei lag einst an den Karawanenrouten von Europa nach Asien und ist heute noch eine wohlhabende Oase. Eine schöne Altstadt mit vielen Studenten und ein florierender Thermal- und Wintertourismus prägen die Stadt, die von İstanbul aus bequem per Katamaran zu erreichen ist** *(Fahrdauer ca. 2 Std. ab Eminönü nach Mudanya | Mo–Fr. 7, 9.30, 14 und 18 Uhr, Sa–So 8, 9.30, 13, 16 und 18 Uhr | ca. 6,50 Euro | budo.burulas.com.tr).*

Nach der Eroberung durch die Osmanen (1326) wurde Bursa zur ersten Hauptstadt des expandierenden Reichs. Den Sultanen verdankt sie ihren Beinamen Yeşil Bursa („Grünes Bursa"): Die ansehnlichen Moscheen und Grabstätten sind mit blau-grünen Fayencen verkleidet. Auch sonst hat sich die Stadt am Fuß des 2543 m hohen Uludağ dank vieler Gärten und Parks das Attribut „grün" verdient.

Seit römischen Zeiten wird die Heilkraft der heißen Quellen von Bursa geschätzt. Die Thermalbäder befinden sich fast alle im Stadtviertel Çekirge. Die bekannteste Erfindung aus Bursa ist der Kebap am drehenden Spieß (ja, der Döner, wörtlich: drehend!).

SIGHTSEEING

KAPALI ÇARŞI (GROSSER BASAR)

Der Basar war einst das Zentrum des Seidenhandels – in Bursa werden immer noch wertvolle Stoffe hergestellt und verkauft. Im *Koza Han* gleich nebenan findest du neben Seidenschals auch sehr gute Hand- und Badetücher zu Schnäppchenpreisen – und ein Café im Innenhof. *Tgl. 8–22 Uhr | hinter der Hauptmoschee Ulu Camii, zwischen Atatürk und Cumhuriyet Cad. | 1 Std.*

INSIDER-TIPP Günstige Kostbarkeite

YEŞIL KÜLLIYE (GRÜNER KOMPLEX)

Das Areal im Osten der Stadt ist der wichtigste osmanische Friedhofskomplex der Türkei, der im Winter zu einem märchenhaften Ort in Weiß wird. Er besteht aus einer Moschee, einer religiösen Hochschule (Medrese) und der Grabstätte Mehmets I., des Bauherrn dieser prachtvollen Anlage aus dem frühen 15. Jh. Die *Grüne Moschee (Yeşil Camii)* wurde so benannt nach den grünen Fayencen, die die zwei Kuppeln und Teile der Innenräume bedecken. Die *Yeşil Türbe*, das 25 m hohe Mausoleum Mehmets I., liegt auf dem Hügel gegenüber. Der größte von neun Sarkophagen gehört dem Sultan, die übrigen sind Familienmitgliedern und hohen Angestellten vorbehalten. Tatsächlich sind die Gräber leer, die Toten wurden in der Erde bestattet. In der ehemaligen *Religionsschule (Yeşil Medrese)* zeigt das *Museum für türkisch-islamische Kunst* u.a. Schattentheater-Puppen aus Bursa, Karagöz & Co. *Gräberkomplex: Muradiye Mah. Muradiye Cad. | Eintritt frei | Museum: Yesil Cadde | Eintritt ca. 1 Euro | 2 Std.*

WESTKÜSTE

Farbenprächtige Fayencen schmücken die Grüne Moschee von Bursa

ULU CAMII (GROSSE MOSCHEE)
Im Unterschied zu späteren religiösen Bauten besitzt die Große Moschee (1399) keine Hauptkuppel, sondern 20 gleich große. Die übergroßen Kalligrafien an den Wänden zitieren aus dem Koran und geben tolle Fotomotive ab. Beachtenswert ist der Brunnen (16. Jh.) zur rituellen Waschung, der sich nicht außerhalb, sondern in der Moschee befindet. *Atatürk Cad.*

WELLNESS

Das schwefel- und eisenhaltige Wasser soll den Körper entspannen und gegen Rheuma und Gallensteine helfen. Besonders schön ist das *Eski Kaplıca (Altes Bad) (Armutlu Meydanı | Kervansaray Hotel | Eintritt 10, mit Massage ca. 20 Euro | Tel. 0224 2 33 93 00)* mit 45 Grad heißem Quellwasser im Bäderviertel *Çekirge*.

ESSEN & TRINKEN

KEBAPÇI İSKENDER
Kebap-Freunde aufgepasst: Hier wurde der İskender Kebap mit Joghurt als Sauce erfunden, benannt angeblich nach seinem Erfinder, İskender Efendi („Herr Alexander"). *Ünlü Cad. 7 | Heykel | Tel. 0224 2 21 46 15 | €€*

RUND UM BURSA

2 ULUDAĞ
34 km südöstl. von Bursa / 1 Std. (Auto)

ÇANAKKALE

Im Winter das Haupt-Skiresort des Landes, im Frühjahr und Herbst ein grünes Wanderparadies – Herodot nannte den 2543 m hohen Berg den „Olymp Westanatoliens". Anfang des 20. Jhs. entdeckten zuerst die europäischen Expats, dann die Türken das Skigebiet. Diverse Hotels bieten Skikurse und eine bequeme Unterkunft, vor allem für Familien mit Kindern. Mit der Seilbahn *Teleferik (tgl. 8–22 Uhr | Rückticket ca. 5 Euro | bursateleferik.com.tr)* oben angekommen, reicht der Blick bei klarem Wetter bis İstanbul.
D3

3 İZNIK

76 km nordöstl. von Bursa / 1¼ Std. (Auto)

Nordöstlich von Bursa liegt der mit 298 km^2 fünftgrößte See des Landes, der *İznik Gölü*. Er ist von Olivenhainen, Obstgärten und Weinbergen umgeben; im westlichen Teil gibt es Picknick- und Campingplätze. Am östlichen Ende liegt die Stadt İznik, das antike Nicaea. Zu sehen gibt es charmante griechisch-römische Ruinen, zu kaufen Duplikate der berühmten grün-blauen osmanischen Kacheln.
D-E3

ÇANAKKALE

(B3) **Die größte Stadt (180 000 Ew.) an der nördlichen Ägäis liegt wie İstanbul auf zwei Kontinenten und ist ein guter Ausgangspunkt für lohnende Ziele in der Umgebung wie *Troja*, *Assos* oder die Ägäisinseln *Gökçeada* und *Bozcaada*. Çanakkale hat eine schön restaurierte Altstadt und eine ansehnliche Promenade entlang der Meerenge der Dardanellen.**

Die Dardanellen – an der engsten Stelle 1,25 km und an der weitesten 8 km breit –, waren über die Jahrtausende ein strategisch wichtiger Stützpunkt und damit ein heiß umkämpfter Platz. Zwei große Schlachten haben hier stattgefunden: die Schlacht während der Trojanischen Kriege, die in Homers Ilias erwähnt wird, und die Schlacht an den Dardanellen im Ersten Weltkrieg (1915). Dort erwarb sich Oberstleutnant Mustafa Kemal seinen legendären Ruhm.

SIGHTSEEING

Eine Besichtigung der Stadt beginnt in der 1462 zur Verteidigung İstanbuls an der engsten Stelle der Meerenge erbauten *Çimenlik-Burg (Çimenlik Sok. | tgl. 8–19 Uhr | Eintritt 1,50 Euro)*. Im Preis inbegriffen ist das angeschlossene *Marinemuseum (Di–So 9–12, 13.30–7 Uhr)*. Über den 1889 von einem jüdischen Geschäftsmann gestifteten Basar *Aynalı Çarşı* geht es zur *Alten Synagoge* in der Havra Sokak im ehemals jüdischen Teil der Stadt, wo heute nach Auswanderungen nur noch wenige Gemeindemitglieder leben. Zum Ausgehen besuchst du die Straßen links vom Uhrenturm.

Wer sich für die Schlachtfelder und Troja Zeit nehmen möchte, übernachtet hier – sonst reicht ein halbtägiger Spaziergang für die Besichtigung der freundlichen Stadt.

WESTKÜSTE

RUND UM ÇANAKKALE

4 TROJA ★

30 km südwestl. von Çanakkale / 30 Min. (Auto)

Das durch Homers Epos „Ilias" berühmt gewordene Troja (türk. Truva) liegt auf einer weiten Ebene an der Mündung der Dardanellen in die Ägäis. 3000 v. Chr. erstmals besiedelt, wurde Troja bis 500 n. Chr. neunmal zerstört und wieder aufgebaut. Die von Heinrich Schliemann 1870 begonnenen Ausgrabungen wurden von dem 2005 verstorbenen Tübinger Archäologen Manfred Korfmann fortgesetzt, der in der Region als „Osman Hodscha" geliebt und verehrt wurde. Der *Rundgang (tgl. 8–20, Nov.–März bis 17 Uhr | Eintritt ca. 10 Euro)* durch das antike Troja erfolgt auf einer Holzplattform und ist gut ausgeschildert. Das 2018 eröffnete *Troja-Museum (April–Ende Okt. tgl. 8.30–19.30, Nov–Ende März bis 17.30 Uhr | Truva Altı Sok. 12 | Tevfikiye Köyü | troya2018.com | Eintritt 7 Euro | ⏱ 3 Std.)* in einem architektonisch beeindruckenden Gebäude beherbergt ein hervorragendes Beispiel moderner Ausstellungsdidaktik und gibt Antworten auf viele Fragen, die sich um den Mythos Troja ranken. Das Museum mit seinen über 2000 Ausstellungsstücken bietet zudem eine gute Einführung in die Geschichte der gesamten Ägäis. Von Çanakkale aus fährst du mit dem Bus, Taxi oder im Mietwagen, z. B.

Versteckspielen wie die Griechen – im Modell des Trojanischen Pferdes

von *Rumeliler Rent a Car (Cumhuriyet Meydanı, Remzi Çelik İş Hanı 1 | Tel. 0286 2 13 12 54)*. Es gibt auch Exkursionen von Çanakkale aus, buchbar z. B. über die Agentur *Troy-Anzac (neben dem Uhrenturm | Tel. 0286 2 17 14 47)*. 🕮 *A–B3*

5 ASSOS ★

85 km südl. von Çanakkale / 1¼ Std. (Auto)

Die Bucht von Assos (Behramkale, 2000 Ew.) war lange Zeit ein Geheimtipp unter İstanbulern. In den Sommermonaten kann es heute zwar ziemlich voll werden, das Dorf ist aber immer noch die Perle am Golf

RUND UM ÇANAKKALE

Der Uhrenturm am Konak-Platz in İzmir zeigt die Zeit schon seit über 100 Jahren an

von Edremit. In der Antike war Assos ein berühmtes Handelszentrum. Auch Aristoteles hat dort drei Jahre gelehrt. Der dorische *Athene-Tempel (Eintritt ca. 2 Euro | ⏱ 30 Min.)* hoch über der Stadt stammt aus dem 6. Jh. v. Chr. und bietet eine herrliche Kulisse bei Sonnenuntergang. Einige alte Lagerhallen wurden zu schönen Hotels umgebaut, die oft ganzjährig geöffnet und mit Heizung oder Kamin ausgestattet sind. Gut essen kannst du bei *Assos Köyüm (tgl. 12–23 Uhr | Behramkale Meydanı, neben dem Teegarten am Dorfplatz | Tel. 0286 7 21 74 24 | €€).* 📖 *A–B4*

6 BOZCAADA
50 km südwestl. von Çanakkale / 2¼ Std. (Autofähre)

Die kleine Insel in der Ägäis ist nicht nur eine Tagesreise wert: Ein eher griechisch anmutender Charme, glasklares, kühles Badewasser und endlose Weingärten hinter einer zerklüfteten Küste. Hier kannst du radeln, schnorcheln, tauchen und hervorragend essen. Der lokale Wein gehört zu den besten des Landes. Einblicke in die Geschichte des türkisch-griechischen Miteinanders in Bozcaada gibt ein kleines, privates *Inselmuseum (tgl. 10–19 Uhr | Cumhuriyet Mah. Lale Sok. 7, hinter der Winzerei Talay Fabrikası | Tel. 0532 2 15 60 33 | bozcaadamuzesi.net | Eintritt ca. 1,75 Euro | ⏱ 1 Std.).* Die imposante Festung am Hafen ist ein Hingucker und ein tolles Fotomotiv. Sie ist auf drei Seiten von Wasser umgeben und hat an der Südfront einen ca. 10 m breiten Graben, der einst auch mit Wasser gefüllt war. Heute kannst du hier eine *ethnografische Sammlung (tgl. 10–20 Uhr | Eintritt 2 Euro)* anschauen. Gut Fisch essen kannst du in *Asma 6 (tgl. 12–1 Uhr | Liman İçi 6 | Tel. 0533 7 75 70 54 | €€€)* direkt am Hafen oder bei *Sandal (tgl. 12–2 Uhr | Alsancak Sok. 1 | Tel. 0286 6 97 02 78 | €€)* in der Tavernengasse mit riesiger Auswahl an Vorspeisen. *Bozcaada ist von Çanakkale mit der Autofähre erreichbar | gdu.com.tr |* 📖 *A3*

INSIDER-TIPP: Geschichtsfan?

7 GÖKÇEADA
60 km westl. von Çanakkale / 2½ Std. (Fähre)

Während sich Bozcaada immer mehr zu einer schicken Boutique-Insel mit kleinen, feinen Stränden und regem

WESTKÜSTE

Nachtleben entwickelt, schlummert die große Insel *Gökçeada* (früher Imros, 289,5 km²) vor sich hin und bietet Individualisten noch ein Paradies. Die Insel eignet sich sehr gut für Radtouren und Wanderungen. In *Merkez* am Hafen und in den Dörfern *Yeni Bademli*, *Uğurlu* und *Kaleköy* findest du preiswerte Hotels und Pensionen. An der 95 km langen Küste gibt es zahlreiche Strände, etwa *Aydıncık* im Südosten, wo du gut baden und Schlammbäder nehmen kannst. Im Nordwesten liegt der *Marmaros-Strand* – gut für eine Tagestour. Vom Hafen aus verkehren Sammelboote zu den Buchten. In Zentrumsnähe badest du am städtischen Strand von Kaleköy. *Gökçeada* erreichst du von Çanakkale mit der Autofähre | gdu.com.tr | *A3*

İZMIR

(*B5*) **Die drittgrößte Stadt der Türkei (ca. 4 Mio. Ew.) ist einer der wichtigsten Hafen- und Handelsplätze, Sitz des Südosteuropa-Hauptquartiers der Nato und eine Stadt mit mediterranem Flair.**

Die Uferpromenade *Kordon Boyu* und die *Cumhuriyet-Allee* sind die Hauptadern für Besucher, die in der Regel nur kurz hier bleiben, um anschließend zu den Ferienorten und antiken Stätten rundherum auszuschwirren. Als Wahrzeichen von İzmir gelten der *Saat Kulesi* (Uhrenturm) auf dem Konak-Platz und das *Atatürk-Denkmal* auf dem Cumhuriyet-Platz. Der Stadtteil Alsancak mit der verkehrsberuhigten *Kıbrıs Şehitleri Caddesi* ist ein Hotspot für Amüsement und Shopping – İzmir liebt beides. Der weltoffene Geist prägt die Atmosphäre der Stadt, die seit jeher von Sozialdemokraten regiert wird. Diverse Universitäten tragen zum urbanen Feeling bei.

SIGHTSEEING

KEMERALTI ÇARŞISI (KEMERALTI-BASAR)

Das quirlige Marktviertel aus dem 17. Jh. ist ein Highlight İzmirs. Eisenschmiede, Sattelmacher, Gewürzhändler – alle haben ihre eigenen Straßen *(arasta)*. Schön zum Mitnehmen sind die handgemachten Wasserpfeifen. Im Viertel liegen auch die drei ältesten Moscheen der Stadt, die *Hisar Camii* aus dem 16. Jh. sowie die *Kemeraltı* und *Şadırvan* aus dem 17. Jh. Sehens

WOHIN ZUERST?

Konak-Platz: Ausgangspunkt ist der Uhrenturm auf dem Konak-Platz. Dahinter liegt der alte Ortskern mit dem Basarviertel Kemeraltı. Am Meer erstreckt sich der auch „Kordon" genannte Atatürk Bulvarı gen Norden. Hier sind viele Cafés und Restaurants. Über die Stadtteile Alsancak und Bayrakli kommst du nach Karşıyaka, dem Zentrum im nördlichen Bereich. Von und nach Konak verkehren Sammeltaxen und Busse.

İZMIR

INSIDER-TIPP
Shoppen und Tee trinken

wert ist die 1745 erbaute *Kızlarağası-Karawanserei*. ==Das Teehaus im Innenhof ist ideal für eine kleine Pause vom Basartrubel.== *Hinter dem Konak-Platz*

ARKEOLOJI MÜZESI (ARCHÄOLOGISCHES MUSEUM)
Eine eindrucksvolle Sammlung von wertvollen Fundstücken aus der Griechen- und Römerzeit. Besonders interessant ist die Statuensammlung im Erdgeschoss. *Di–So 8.30–19 Uhr | Eintritt ca. 3 Euro | Bahribaba Park | izmirmuzesi.gov.tr | ⏱ 1½ Std.*

ARKAS ART CENTER
Die Frontseite des französischen Honorarkonsulats aus dem späten 19. Jh. dient nach aufwendiger Restaurierung als Museum für Moderne Kunst. Das Gebäude selbst ist schon einen Besuch wert. Den Schwerpunkt der Ausstellung bildet İzmir mit seiner Rolle im Kunstleben der Levante. *Di, Mi, Fr 10–18, Do, Sa, So bis 20 Uhr | 1380 Sok. 1 | Alsancak | arkassanat merkezi.com | Eintritt frei | ⏱ 1 Std.*

ESSEN & TRINKEN

DENIZ RESTAURANT
Bestes Fischrestaurant der Stadt mit tollem Meerblick am Kordon, im Erdgeschoss des Traditionshotels İzmir Palas. Probier den Fisch aus dem Ofen. Reservieren! *Tgl. 9–23.30 Uhr | Atatürk Cad. 188b | Alsancak | Tel. 0232 4 64 44 99, Reservierung auch unter 0533 1 45 81 99 | denizrestaurant. com.tr | €€€*

YAŞAM VEGAN CAFE
Von Döner Kebap bis hin zu Eintöpfen ist in diesem kleinen Restaurant alles aus frischen Zutaten und vegan zubereitet. *Tgl. 12–21.30 Uhr | 1484 Sok. 8A | Alsancak | Tel. 0534 0 33 03 72 | €€*

DOSTLAR FIRINI ☂
Die beste Bäckerei zum Frühstücken an drei Standorten. Hier findest du das İzmirer Teilchen *boyoz* (sprich: Bojos) – nach der jahrhundertealten jüdischen Tradition wird mit Mehl, Salz, Zucker und Butter eine Art knuspriges Brötchen in diversen Varianten gebacken. *Tgl. 6.30–19 Uhr | Kıbrıs Şehitleri Cad. 120, Alsancak | Caher Dudayev Blv 107 B, Karşıyaka | Pasaport Mah. Şehit Fethi Bey Cad. 54 | Konak | €*

SHOPPEN

KONAK PIER ☂
Vom Konak-Platz läufst du einfach nördlich zum Meer. Die ehemalige große Anlegestelle für Schiffe aus dem 19. Jh. dient heute nach einer schicken Restaurierung als Einkaufszentrum mit guten türkischen und internationalen Marken. Die Hallen entwarf Gustave Eiffel (ja, der mit dem Turm in Paris!). Rundherum findest du schöne Cafés und Bistros. *Tgl. 10–22 Uhr (Gastronomie bis 24 Uhr) | Konak Meydanı | Konak |*

AUSGEHEN & FEIERN

EKO PUB
Expats aus aller Herren Länder lieben hier das Flaschen- und Fassbier, das in eisgekühlten Gläsern serviert wird –

außer Corona oder Miller trinken Türken ihr Bier fast nie aus der Flasche! Im Sommer sitzt du schön ruhig unter freiem Himmel. *Tgl. 8–2 Uhr (tagsüber Restaurant) | Plevne Bulvari 1/Ecke Cumhuriyet Caddesi | Alsancak | Tel. 0232 421 44 59 | €€*

OOZE VENUE

Im großen Club am Uni-Campus gibt es freitags und samstags guten türkischen Pop und Rock live. Tanzen und Spaßhaben sind hier angesagt. *Kazim Karabekir Cad. 46 | Bornova | Tel. 0232 3 88 78 70 | ooze-venue.com | Eintritt Konzerte ab 5 Euro*

RUND UM İZMIR

Zu allen u.g. Orten kannst du einen Bus vom Busbahnhof *(otogar)* in İzmir *(Kemalpaşa Caddesi | Bornova)* nehmen. Auf *izotas.com.tr* findest du einen Plan mit den Abfahrtszeiten und den Webadressen der Busunternehmen. Nach Chios fährst du 30 Minuten mit dem Boot; es gibt zwei Fährunternehmen: *Turyol (Turgut Özel Blv. 1065 Sok. 13 | Tel. 0232 7 12 18 08 | turyolonline.com)* und *Ertürk Lines (Beyazit Cad. 6–7 | Tel. 0232 7 12 67 68 | erturk.com.tr)*, Tickets kosten p. P. ab 20 Euro.

8 PERGAMON

100 km nördl. von İzmir / 1½ Std. (Bus)

Die Ruinen der antiken Stadt Pergamon liegen auf einem Berg oberhalb der Stadt Bergama (100 000 Ew.). Hier war das Zentrum des Pergamenischen Reiches (263–133 v. Chr.), wo Handel und Künste blühten. Berühmt war die 200 000 Schriftrollen umfassende Bibliothek der Stadt. Das Pergament wurde hier erfunden. Der berühmte Relieffries des Altars, Ende des 19. Jhs. von Carl Humann entdeckt, befindet sich heute im Berliner *Pergamonmuseum (smb.museum.de)*. Aber auch ohne Altar gibt es viel zu bewundern: z. B. die *Akropolis (tgl. April–Okt. 8–20, Nov.–März 8.30–17 Uhr | Eintritt ca. 7 Euro)* und das am Hang steil abfallende riesige *Theater Asklepion*. In den 80 Reihen des Auditoriums fanden bis zu 15 000 Menschen Platz.

Im *Archäologischen Museum (Di–So 9–12, 13–17.30 Uhr | Eintritt ca.*

Trajanstempel in Pergamon

RUND UM İZMIR

Easy going in Alaçatı auf der Çeşme-Halbinsel

3 Euro | Cumhuriyet Cad. 6 | Tel. 0232 6 31 28 83 | 45 Min.) sind Statuen und eine Münzsammlung zu sehen. Die *Rote Halle (Kızıl Avlu, tgl. April–Okt. 8–19, Nov.–März 8.30–17 Uhr | Eintritt ca. 2 Euro)*, ein antikes Heiligtum Pergamons, steht (unübersehbar) in der Stadt selbst.

Gut essen kannst du im Restaurant des Hotels *Les Pergamon (tgl. 11–0 Uhr | Kurtuluş Mah. Taksim Cad. 35 | Tel. 0232 6 32 39 35 | €€)* im historischen Ambiente. *Von İzmir den Bus Richtung Çanakkale nehmen | B4*

9 ÇEŞME ★

85 km westl. von İzmir / 1 Std. (Bus)
Die Halbinsel vor İzmir mit dem Hauptort Çeşme (40 000 Ew.) ist der Newcomer unter den Reisezielen. Thermalbäder, Wellness, Baden und Surfen sind hier angesagt. Eine Burg (1508) und viele altosmanische Brunnen *(çeşme)* prägen das Stadtbild. In der Fußgängermeile *İnkılap Caddesi* und an der *Seepromenade* gibt es diverse Cafés und Restaurants. Tolle Strände sind das nahe *Ilıca*, das auch für seine Thermalquellen bekannt ist, sowie die Sandstrände von *Boyalık* und *Ayayorgi*, an denen man im Sommer in Beachclubs die Nächte durchfeiert und anschließend für eine morgendliche Schwimmrunde ins Meer springt. Sehr zu empfehlen ist der Ort *Alaçatı* (9750 Ew.) mit einer bezaubernden Altstadt. Trendy Cafés, hippe Boutiquen und maritime Souvenirläden erinnern an Sylt. In der windigen Bucht 3 km südlich sind zahlreiche Schulen und

> **INSIDER-TIPP**
> Sich wie an der Nordsee fühlen

WESTKÜSTE

Clubs für Windsurfen, Kiten und Walken zu finden.
Gutes und preiswertes Essen gibt es im 🐖 *Enginarre (tgl. 14–1 Uhr | 12049 Sok. 12 | Tel. 0232 7160878 | €)*. Am Abend angesagt sind die Clubs *Beyond (tgl. 22–4 Uhr | an der Marina Alaçatı Port | Tel. 0552 2340054)* und *Madeo Beach (tgl. 10–7 Uhr | Kum Plaj/18001 Sokak | Tel. 0232 4240739 | Eintritt ca. 15 Euro inkl. Liege, Handtuch und Schirm)*. Busse ab İzmir von der Station am Fahrettin Altay Meydanı; Auskunft: İskele Meydanı 8 | Tel. 0232 7126653 | cesme.gov.tr. | 📖 *A–B5*

🔟 EFES (EPHESOS) ⭐ 🏴

80 km. südlich von İzmir / 1 Std. (Bus)
Der Besuch der altgriechischen Stadt Ephesos gehört zu den Höhepunkten einer Türkeireise. Im Altertum lag das einstige Handelszentrum mit einer Viertelmillion Einwohner noch am Meer. Durch Versandungen befindet es sich heute 10 km landeinwärts – nahe dem Städtchen *Selçuk*. Die Ruinen des monumentalen *Artemis-Tempels* aus dem 3. Jh. v. Chr. zählen zu den Sieben Weltwundern der Antike. Prachtvoll sind auch *Theater, Gymnasion (Sportstätte), Bäder, Agora* und die rekonstruierte *Celsus-Bibliothek*, die im Sommer klassischen Konzerten eine Bühne bietet. Extra zu besichtigen sind die *Patrizierhäuser (tgl. April–Okt. 8–17.30, Nov.–März 8–17 Uhr | Eintritt ca. 7 Euro)* aus dem 1. Jh. n. Chr.
Unweit von Ephesos liegt ausgeschildert das *Meryem Ana Evi*, das *Marienhaus*, in dem die Mutter Jesu die letzten elf Jahre ihres Lebens verbracht haben soll. Heute ist sie eine Wallfahrtsstätte für Christen wie auch Muslime, die Meryem als Mutter des Propheten Isa (Jesus) verehren. *Ausgrabungsstätte tgl. Juni–Okt. 8–20, Nov.–Mai 8.30–17.30 Uhr | Eintritt 12 Euro | ephesos.at |* 📖 *B6*

1️⃣1️⃣ KUŞADASI

100 km südl. von İzmir / 1½ Std. (Bus)
Wer würde vermuten, dass hier noch vor gar nicht langer Zeit ein kleines Fischerdorf zu finden war? Neben Bodrum und Marmaris ist Kuşadası (95 000 Ew.) heute eine der Touristenhochburgen der Ägäis. Im Hafen liegen meist Kreuzfahrtschiffe, entsprechend „verwöhnt" sind die Basarhändler, während sich die Hoteliers über jeden Gast freuen. Trotz einiger Betonburgen hat Kuşadası viel zu bieten: einen schönen Yachthafen, gute Lokale und ein vielseitiges Nachtleben, das sich übrigens besonders LGBTQ-freundlich zeigt. Über einen 350 m langen Damm läuft man zur schönen „Taubeninsel" hinüber, von der der Ort seinen Namen hat. In der restaurierten *Öküz-Mehmet-Pasha-Karawanserail* einen Kaffee zu trinken ist fast schon obligatorisch. Zum Abendessen kehrst du ein bei *Kazım Usta (Tgl. 10–22 Uhr | Mahmut Esat Bozkurt Cad. 14 | Tel. 0256 6141226 | €€)*. Schön ist der *Kadınlar Plajı* (Ladies' Beach) im Süden (*mit Minibussen vom Zentrum aus zu erreichen*). Der beste Strand ist 🌴 *Pamucak*, 10 km vom Zentrum entfernt im Norden. 📖 *B6*

RUND UM İZMIR

Uralte Schätze aus dem Meer zeigt das Unterwassermuseum in Bodrum

dir daher in der öffentlichen Therme *Antik Havuz (tgl. 8–20.30 Uhr | Eintritt ca. 8 Euro)* ein Bad in einer heißen Quelle gönnen, wo du ganz ins Heilwasser eintauchen kannst. *Mit dem Zug vom Bahnhof in İzmir-Basmane nach Denizli und dort vom Busbahnhof direkt gegenüber mit dem Minibus in 20 Min. nach Pamukkale | Sinterterrassen und Hierapolis tgl. 6.30–19 Uhr | Eintritt ca. 8 Euro | D6*

INSIDER-TIPP
Bade dich gesund!

12 PAMUKKALE ★

245 km südöstl. von İzmir (Bhf. İzmir-Basmane) / 3¼ Std. (Zug und Bus)

Das „Baumwollschloss" bei Denizli ist ein faszinierendes Naturschauspiel: weiße, terrassenartige Kalksteinbassins ab einer Höhe von 100 m, geformt durch Ablagerungen des hinabfließenden Thermalwassers. Die heilende Wirkung des 35 Grad warmen Wassers nutzten schon die Römer, die hier die Stadt *Hierapolis* bauten. Aus Naturschutzgründen ist das Baden in den Sinterterrassen allerdings verboten. Nach der Besichtigung und dem Mittagessen im *Kayas Restaurant (Kale Mah. | Atatürk Cad. 3 | Tel. 0534 5 61 10 80 | €€)* solltest du

13 MILET

145 km südl. von İzmir / 1¾ Std. (Auto)

Die antike Stätte war einst die größte ionische Stadt, eine blühende Handelsmetropole mit über 100 000 Einwohnern. Sie lag früher auf einer Halbinsel am Meer, jetzt 10 km landeinwärts. Aus den Ruinen sticht das griechische Theater hervor, das besterhaltene seiner Art in der Türkei. In Milet lebten so bekannte Leute wie Thales, der die ersten geometrischen Regeln aufstellte, oder der Architekt Hippodamus. *Ausgrabungsstätte April–Okt. tgl. 8–19, Nov.–März 8.30–17.30 Uhr, Museum Nov.–März nur bis 16.45 Uhr | Eintritt zu beiden ca. 2,50 Euro | B6*

14 DIDIM (DIDYMA)

213 km südl. von İzmir / 2 Std. (Auto)

Die größte antike Tempelanlage der Türkei bietet leidenschaftlichen Selfie-Machern jede Menge Hintergrundmotive. Der herrliche Apollotempel war, nach Delphi in Griechenland, die

WESTKÜSTE

wichtigste Kultstätte der Antike. Priester machten hier ihre Weissagungen. Die Reste der einst 120 Marmorsäulen sind imposant, am Eingang stehst du übergroßen Medusahäuptern gegenüber. *Tgl. April–Okt. 8–19, Nov.–März 8.30–17 Uhr | Eintritt ca. 3 Euro |* B6

BODRUM

(B6-7) **Nachdem Bodrum (35 000 Ew.) jahrzehntelang vom britischen Pauschaltourismus dominiert wurde, putzte sich der beliebte Ferienort in den letzten Jahren heraus. In und um Bodrum eröffnen schickere Hotels und Restaurants, es wird mehr Acht auf Sauberkeit gegeben. Bodrum spricht Individualreisende an, die bezahlbaren Luxus mit dem Flair der Ägäis verbinden wollen.**

Es waren aus İstanbul emigrierte Schriftsteller, die der Stadt, dem antiken Halikarnassos, mit ihrer Burg und den weiß getünchten Häusern durch ihre Werke zu legendärem Ruf verhalfen. Die Bucht, die erleuchtete Burg und die malerische Hafenkulisse üben seit jeher eine magische Anziehungskraft aus. 377 v. Chr. verlegte der persische Statthalter Mausolos seine Residenz nach Halikarnassos. Er baute die Siedlung zu einer Stadt aus und befestigte sie mit einer Mauer, von der heute noch Reste zu sehen sind. Sein Grabmal, das *Mausoleion*, gehörte zu den antiken Sieben Weltwundern. Von dem einst 50 m hohen Monument blieben nur die Fundamente *(tgl. 10–16 Uhr | Eintritt 3 Euro | vor Ort ausgeschildert).* Bodrum bietet dir ein etwas kühleres Badewasser, gute Windverhältnisse zum Segeln und Surfen, wunderschöne Sonnenuntergänge am Meer und heiße Nächte zum Durchtanzen. Ein kleiner, aber akzeptabler Kieselstrand befindet sich im Ort selbst, hinter der Burg. Der Bodrum-Milas-Flughafen liegt ca 40 km vom Ortskern entfernt. Shuttlebusse der Firma *Havas (Tel. 0252 5 23 00 40)* oder das *Airport-Taxi (Tel. 0252 5 23 00 24)* bringen dich zu deinem Hotel.

Auf der vorgelagerten Halbinsel *Bodrum Yarimadasi* gibt es zahlreiche Buchten, von denen das ruhige *Gümüşlük* (das antike Myndos), die Badebucht *Akyarlar*, *Yalıkavak* mit seinem hübschen Yachthafen und das mondäne *Göltürkbükü* herausragen. Ob Wandern im Hinterland, Radtouren an der Küste oder Schwimmen und Amüsieren – Bodrum bietet für jeden etwas. Vorsicht: Im Juli und August sinken die Temperaturen in der Stadt selten unter 35 Grad.

SIGHTSEEING

BODRUM SUALTI ARKEOLOJI MÜZESI (UNTERWASSERMUSEUM)

In der mittelalterlichen Kreuzfahrerburg mit der tollen Aussicht befindet sich das erste und einzige Unterwassermuseum der Türkei. Hier gibt es neben antiken Wrackteilen, Schmuck und Amphoren eine feine Glaskollektion zu sehen. Die ganze Anlage geht auf die Johanniter zurück (1402). *Burg und Museum: tgl. 9–16.30 Uhr | Eintritt ca. 3 Euro | Halle der Karischen*

BODRUM

Prinzessin (Teil der Burg) und Glassammlung: Di–Fr 9–12 und 14–16.30 Uhr | Eintritt jeweils ca. 1 Euro extra | bodrum-museum.com | ⏱ 2 Std.

ZEKI-MÜREN-MUSEUM
Hier lebte der Schauspieler und Sänger Zeki Müren (1931–1996). Obwohl er sich nie als homosexuell outete, blieb ihm nach dem Militärputsch von 1980 der Bildschirm lange versperrt. Er gehörte zu der prominenten Avantgarde, die Bodrum im 20. Jh. zu einem Ort der Freiheit machte – in einem konservativen Land. Sein Haus gilt als ein Museum türkischer Gegenwartskultur. *Tgl. 9–16.30 Uhr | Zeki Müren Cad. 19 | Eintritt ca. 50 Cent | ⏱ 1 Std.*

ESSEN & TRINKEN

KOCADON
Die alteingesessene Familie Kocadon serviert in ihrem restaurierten Steinhaus aus dem 19. Jh. gute, moderne türkische Küche. Terrasse mit Palmen und Bananenstauden. *Saray Sok. 1 | Tel. 0252 3 16 37 05 | kocadon.com | €€*

TRANÇA
Hinter der Burg kannst du auf dem Kiesstrand speisen. Neben Fischgerichten serviert das Terrassenlokal auch vegetarische Küche. Mittagstisch mit Pizza und Pasta. *Cumhuriyet Cad. 32 | Tel. 0252 3 16 66 10 | trancarestaurant.com | €€*

KISMET 🐷
Eine super Wahl für ein leckeres, preiswertes Mittagessen: Hier gibt es viel Vegetarisches mit Reis, aber auch Hackfleischbällchen und gefüllte Paprika. *Tgl. 11–19 Uhr | Atatürk Blv. 35/A (unweit der Tankstelle Petrol Ofisi) | Tel. 0252 3 19 00 96 | kismetlokantasi.com | €*

SPORT & SPASS

BOOTSFAHRTEN
★ *„Blaue Reise"* werden die Törns von Ende April bis Mitte Oktober auf den motorbetriebenen Holzschiffen (*gulets*) genannt. Sie können eine oder mehrere Wochen dauern und führen an der türkischen Küste entlang und/oder zu den griechischen Inseln. Preis ab 330 Euro/Pers./Woche mit Vollpension. Abfahrt immer samstags. *Barbaros Yachting (Neyzen Tevfik Caddes | Saray Sok. 4 | Tel. 0252 3 16 39 19 | Callcenter: Tel. 4 44 39 28 | barbarosyachting.com | mit Preiskatalog)*

Von der Bodrum-Marina aus starten täglich größere *gulets* zu umliegenden Inseln wie *Karaada* oder *Orak*. Eine nette Alternative zu den oft lauten und trubeligen Tagestouren ist das kleine Boot *Adorya (am Hafen | Tel. 0532 2 48 27 90)* von Adil Kaptan. Er nimmt nur zwölf Gäste mit und serviert unterwegs frischen Fisch mit Salat.

AUSGEHEN & FEIERN

In Bodrum findest du an jeder Ecke eine Kneipe oder ein Club. Zentral liegt u. a. die ruhige *Mavi Bar (Cumhuriyet Cad. 175)*, Bodrums älteste Musikkneipe. Die hochkarätig besetzten *Bodrumer Jazztage* finden in der zweiten Maihälfte u. a. in der Kneipe *Hadigari (Dr. Alim Bey Cad. 37 | hadigari.com.tr)* statt.

WESTKÜSTE

Camel Beach in Bitez erreichst du auch ganz entspannt mit dem Boot

INSIDER-TIPP
Stilvoll ausgehen mit Blick aufs Meer

Die *Küba Bar (Neyzen Tevfik Cad. 62 | Tel. 0252 3 13 44 50 | kubabar.com)* an der Marina blickt auf die beleuchtete Burg und hat Klasse. Reservieren und ein schickes Outfit sind angesagt.

RUND UM BODRUM

15 BODRUM-HALBINSEL

Westl. von Bodrum, 4 km/15 Min. nach Gümbet, 21 km/30 Min. nach Gümüşlük (Auto)

Die Bodrum-Halbinsel ist vor allem im Frühling und Herbst ein Genuss. Überall sprießen Blumen, und es gibt herrliche Buchten zum Baden und Essengehen. *Gümbet* mit seinem flachen, aber etwas kühlen Wasser und den steten Nachmittagswinden eignet sich ausgezeichnet zum Surfen. Weitere Strände gibt es in *Bitez*, *Ortakent-Yahşi*, *Kargı* und *Karaincir*. In *Yalıkavak* stehen viele Windmühlen, die Wahrzeichen Bodrums. Neben den Buchten *Tilkicik*, *Pascha* und *Ağaçbaşı* zählt Yalıkavak zu den besten Badebuchten der Halbinsel. Überall findest du schicke Marinas zum Bummeln und Ausgehen.

Die schönste Bucht ist *Gümüşlük*. Auf dem lykischen Myndos (4. Jh. v. Chr.) gebaut, besteht das Dorf aus Steinhäusern; in vielen davon haben sich Künstler niedergelassen. Die hiesigen Restaurants am Meer zählen zu den besten Bodrums. Wunderbar ist die Küche von Sevinç Hanım aus Zürich, die in ihrem Haus *Soğan Sarımsak (Tgl. 9–0 Uhr | Gümüşlük Yalısı | Tel. 0252 3 94 30 87 | €€)* direkt am Meer wahre Wunder vollbringt und auf Öko-Zutaten achtet. *B6–7*

SÜDKÜSTE

STRAND, SO WEIT DAS AUGE REICHT

Das Zentrum der 800 km langen türkischen Riviera ist Antalya: Lange Badestrände vor der erhabenen Kulisse der Taurusberge prägen hier das Bild. Fährst du von Antalya aus nach Osten, erreichst du am Stadtrand einen großen Strand, der den Beginn der „Türkischen Riviera" markiert. Von All-inclusive-Anlagen mit riesigen Golfplätzen über kleine Hotels in historischen Orten bis zu Campingplätzen und Pensionen ist die touristische Infrastruktur hier auf dem neuesten Stand. Die Badesaison dauert von Anfang April bis Ende Dezember.

Topstrand, Topwasser, Topurlaub: Ölüdeniz

Von der Küste aus hast du viele Möglichkeiten, zu Fuß, per Auto, Bus oder im Sattel die bewaldeten Hügel im Hinterland zu erkunden. Klippen, Halbinseln, Strände und Lagunen wechseln sich ab. Die Pinienwälder reichen oft bis ans Wasser, versteckte, kleine Buchten sind von Land aus manchmal nur auf einer Schotterpiste zu erreichen. Nicht zu vergessen die historischen Stätten wie das Amphitheater Aspendos oder die Tempelruinen von Side. Ausführliche Informationen findest du im MARCO POLO Band „Türkische Südküste".

SÜDKÜSTE

MARCO POLO HIGHLIGHTS

★ **KALEIÇI**
Die Altstadt von Antalya ist ein Juwel! ➤ S. 66

★ **ASPENDOS**
Das antike Theater ist eines der am besten erhaltenen Theater des Altertums ➤ S. 70

Marmaris S. 77
Dalyan 15
Reşadiye-Halbinsel 16
İztuzu
228 km, 3 ¼ Std.
Fethiye S. 75
Ölüdeniz 12
Belcekız-Strand
Saklıkent-Cañon 13
Xanthos (Kınık) 14
Patara 8
Kaleköy
Kaş S. 73
Kekova 10 9
518 km, 7 ½ Std.

25 km / 15.53 mi

★ **PATARA**
Der feine Sandstrand ist der schönste im ganzen Land ➤ S. 74

★ **OLYMPOS**
Bilderbuchstrand mit antiken Ruinen ➤ S. 75

★ **ÖLÜDENIZ**
Berühmte Bucht: azurblau mit weißem Sandstrand ➤ S. 77

★ **DALYAN**
Entzückendes Dorf zwischen Felsgräbern, Strand und Schilfsee ➤ S. 79

ANTALYA

(E7) **Eine grüne Metropole mit Charme: Antalya (2,2 Mio. Ew.) legt sich um den innersten Winkel des gleichnamigen Golfs, dahinter ragen die schneebedeckten Gipfel des Taurusgebirges auf, im Westen brechen die lykischen Berge steil ins Meer ab. Mit seinen gepflegten Parkanlagen, Fahrrad- und Spazierwegen sowie Einkaufs- und Ausgehmöglichkeiten ist Antalya eine der schönsten Städte der Türkei.**

Die Altstadt Kaleiçi („In der Festung") bietet eines der größten Ensembles restaurierter osmanischer Holzhäuser, das die Türkei zu bieten hat, und wird heute immer noch von einer Mauer eingefasst. Der bekannteste Zugang ist das 2000 Jahre alte *Hadrianstor*, gebaut anlässlich eines Besuchs des gleichnamigen römischen Kaisers um 130 n. Chr. im damaligen Attaleia.

> **WOHIN ZUERST?**
>
> **Saat Kulesi:** Das Zentrum ist der Platz am Uhrenturm oberhalb des „Geriffelten Minaretts". Von hier aus läuft man auf der Uzun Çarşı Sokak in die historische Altstadt Kaleiçi mit ihren Hotels, Kneipen und Cafés hinunter oder in den nahen Basar. Am Uhrenturm fahren auch die Busse und Sammeltaxen zu den Stadtstränden ab. Der schöne Atatürk-Park am Meer ist nicht weit.

Von Antalya aus kannst du, etwa mit einem Mietwagen, viele lohnende Exkursionen ins Umland machen. Überall findest du kleine Hotels und Pensionen. Wer keinen Wert auf Strand legt, bleibt direkt im Gebirge und genießt die herrliche Bergluft im Frühling.

SIGHTSEEING

KALEIÇI ★

Die Altstadt mit ihrem labyrinthischen Gassengewirr gleicht einem Freilichtmuseum. Besonders sehenswert sind das imposante *Hadrianstor (Cumhuriyet Cad.)* (130 n. Chr.) und das Wahrzeichen Antalyas, das *Geriffelte Minarett (Yivli Minare) (Atatürk Cad.)* aus dem Jahr 1220 unterhalb des Uhrenturms aus dem 19. Jh. Vom Platz des Uhrenturms *(Saat Kulesi)* betrittst du auf der Uzun Çarşı Sokak die Altstadt. Unten am Hafen reiht sich ein Lokal ans andere. Das İstanbuler Industriellenpaar Suna und İnan Kiraç hat sich hier mit einem *Ethnographischen Museum (Do–Di 9–12, 13–17 Uhr | Eintritt ca. 1 Euro | Kocatepe Sok. 25 | kaleici muzesi.com | ⏱ 2½ Std.)* verewigt.

ARKEOLOJI MÜZESI (ARCHÄOLOGISCHES MUSEUM)

Eines der wichtigsten Museen der Türkei: Neben prähistorischen Funden u.a. aus der nahe gelegenen Karain-Höhle zeigt das Museum Originalstatuen aus den vielen umliegenden griechischen und römischen antiken Stätten, Gold- und Silberschmuck sowie Waffen und Gewänder. *Konyaaltı Cad. 88 | tgl. 8.30–19 Uhr | Eintritt ca. 5 Euro | ⏱ 1½ Std.*

SÜDKÜSTE

Antalyas Altstadt schmiegt sich rund um das natürliche Hafenbecken

ANTALYA AQUARIUM

Im Meereszoo kannst du unzählige Unterwasserlebewesen beobachten. Während Haie und Rochen über dich hinwegschwimmen, führt dich ein Glastunnel zu Nachbildungen von tropischen Meeren, Atlantis, einem Piratenschiffswrack und einem U-Boot, das exotischen Fischarten ein Zuhause bietet. Neben dem Aquarium findest du auf 1500 m² eine Schneelandschaft mit Iglus und dem „Haus des Weihnachtsmanns" sowie Cafés. Schwachpunkt: Die Eintrittspreise sind hoch (ab 30 Euro, Kinderrabatt und Online-Angebote beachten!). *Tgl. 10–19 Uhr | Arapsuyu Mah. | Dumlupınar Blv. 502/bei Migros in Konyaaltı | antalyaaquarium.com | 2½ Std.*

ESSEN & TRINKEN

7 MEHMET

Angefangen hatte alles im Basar, wo Gründer Mehmet als Suppenkoch arbeitete. Heute ist das 7 Mehmet, das bereits in dritter Generation geführt wird, eines der besten in Antalya – mit herrlicher Aussicht. Der Restaurantname war bei der Gründung 1937 übrigens schnell gefunden: „7 Mehmet" war Mehmets Spitzname, der ihm wegen seiner Narbe auf der Stirn gegeben wurde, die aussah wie eine Sieben. *Atatürk Kültür Parkı 201 | Tel. 0242 2385200 | 7mehmet.com | €€*

NASREDDIN

Steak- und Kebap-Haus am Konyaaltı-Strand mit vegetarischen Alternativen.

ANTALYA

Auch Raftingfans kommen in der Türkei auf ihre Kosten

Der Wirt bezieht sein Fleisch nach eigenen Angaben von ökologisch geführten Farmen im Hinterland. *Tgl. 12–23 Uhr | Altınkum Mah. Atatürk Blv. 138 A | Tel. 0242 2 29 06 06 | nasred dinrestaurant.com | €€*

SPORT & SPASS

BLAUE REISE

Die Bootstouren der „Blauen Reise" führen bis nach Fethiye im Westen. Dabei besuchst du u. a. die einst lykischen Städte Kaş und Kaleköy. Ringsum die Insel Kekova kannst du schnorchelnd Siedlungsspuren im Wasser entdecken. *Ece Yachting (Fethiye | Fevzi Çakmak Cad./Ece Marina, Yılmaz İş Hanı 23/A | Tel. 0252 6 14 00 14 | eceyachting.com)*

RAFTING

Wildwasserabfahrten unterschiedlicher Schwierigkeitsgrade auf dem Köprüçay-Fluss bietet z. B. *Antalya Rafting (Antalya Merkez, Kırcami Mah. | Perge Cad./Ömür Apt. 95/3 | Tel. 0242 3 11 48 45 | antalya-rafting.net).*

STRÄNDE

Antalya hat zwei große Sandstrände in Stadtnähe, *Lara* und *Konyaaltı*. Wer in der Altstadt innerhalb der alten Mauern wohnt, kann gleich am östlichen Zipfel den *Mermerli Beach* besuchen – einen kleinen Badestrand mit Liegen auf Holzplattformen und Felsen, zu dem du hinabsteigst. Oben

INSIDER-TIPP
Boutique-Strand vor der Tür

SÜDKÜSTE

bietet das Café-Restaurant einen herrlichen Blick übers Meer. Der ★ *Konyaaltı Beach* liegt im Westen, zwischen den Klippen und dem Beydağlari-Gebirge im Hintergrund. Der Zutritt zum über 5 km langen und ca. 70 m breiten Kieselstrand ist frei, Schirme und Liegen sind kostenpflichtig *(an allen Stränden ab ca. 3–4 Euro pro Tag und Liege mit Schirm)*. Achtung: Das Meer wird hier schnell tief! Man kann vom Uhrenturm aus mit der Straßenbahn zum Strand fahren. Der *Lara Beach* südöstlich von Antalya ist ca. 2 km lang und hat feinen, goldigen Sand, der sich durchschnittlich 50 m breit, an manchen Stellen bis zu 200 m vom Ufer erstreckt. Das Wasser ist hier wärmer als in der Stadt und das Meer ist flacher. Nachteil: viele Hotels!

WELLNESS

SEFA HAMAMI
Mitten in der Altstadt liegt das historische Sefa Hamamı aus dem 15. Jh. Das türkische Bad ist schön restauriert und bietet Massagen und Dampfbäder für Damen und Herren zu moderaten Preisen an. Die *Kese* (sprich: kesse) genannte Rubbelmassage, die nach einem Dampfbad die Poren öffnet, tut der Haut unglaublich gut. *Mo–Sa 12.30–20 Uhr | Badegang mit Massage ca. 10 Euro | Kocatepe Sok. 32 | Tel. 0242 2 41 23 21 | sefahamam.com*

AUSGEHEN & FEIERN

CELLO
Eckkneipe mit guter Musik, in der du auch draußen sitzen oder zur späten Stunde tanzen kannst. Es gibt gelegentlich Live-Performances von türkischen Bands oder Liedermachern. *Tgl. 12–3 Uhr | Hıdırlık Sok. 10 | Kaleiçi (Altstadt) | Tel. 0541 5 90 51 47*

UP SHOT BAR
Hochprozentige Shots, eiskaltes Bier, sehr gute DJs und eine Menge Leute, die Riesenspaß daran haben, hier zu sein – ob vor der Tür oder in der Kneipe selbst. *Di–Fr 18–2 Uhr, Sa–So 18–4 Uhr | Izmirli Ali Efendi Sok. 29 | Kaleici (Altstadt) | Tel. 0242 2 48 75 69 | upshotbar.com*

RUND UM ANTALYA

1 TERMESSOS
38 km nordwestl. von Antalya / 45 Min. (Bus)
Auf 1000 m Höhe zwischen steilen Kalkfelsen liegt im Nationalpark *Güllük Dağı* die antike Stadt Termessos, von Alexander dem Großen „Adlernest" genannt und von Homer in seiner „Ilias" beschrieben. Zu den unbedingt sehenswerten Ruinen gehören ein Theater, die Agora und eine Nekropole. Die Lage der in der Antike uneinnehmbaren Siedlung ist einmalig. Achtung: Du brauchst festes Schuhwerk für die Besichtigung. *Dolmuş (Sammeltaxi) und Tagestouren von Antalya aus, Bus nach Korkuteli zum Eingang des Parks, der letzte Bus nach Antalya zurück kommt ca. 18 Uhr am Tor vorbei. Tgl. April–Okt. 9–19, Nov.–*

RUND UM ANTALYA

März 8–17 Uhr | im Güllük-Dağı-Nationalpark | Eintritt 1,50 Euro | E7

2 PERGE
16 km nordöstl. von Antalya / 15 Min. (Bus)

Eine der größten antiken griechischen Städte Anatoliens ist heute ein beeindruckendes Open-Air-Museum. Das Stadion, einst Schauplatz von Gladiatorenkämpfen, ist das am besten erhaltene der Türkei. In Perge findest du keinen Schatten, deshalb sind Schirm oder Hut angesagt. *Tgl. 9–19, Nov.–März 8–17.30 Uhr | Eintritt 5 Euro | Richtung Alanya bis Aksu, von dort 3 km (ausgeschildert) | Sammelbusse vom Busbahnhof (Garaj) Antalya | muze.gov.tr/perge | E7*

3 ASPENDOS ★
47 km östl. von Antalya / 45 Min. (Auto)

Das *Theater (tgl. 8–19 Uhr | Eintritt ca. 7 Euro)* von Aspendos zählt zu den am besten erhaltenen der Antike und umfasst 30 000 Sitze. Im Juni findet vor dieser Kulisse ein Ballett- und Opernfestival statt. Sehenswert sind auch die Reste eines römischen *Aquädukts*, die du nach ein paar Schritten von einer kleinen Anhöhe in der Nähe des Theaters aus sehen kannst. *F7*

4 KÖPRÜLÜ KANYON MILLI PARK (NATIONALPARK)
81 km nordöstl. von Antalya / 1½ Std. (Bus)

Diese Schlucht ist eine wunderbare Abwechslung zum Strandleben. Über den oberen Teil führt eine schmale Steinbrücke (*köprü*) aus römischer Zeit. Unten, am sprudelnden Köprüçay-Fluss, haben sich Restaurants angesiedelt. In dem klaren, kühlen Wasser kannst du baden. 10 km weiter oben liegen die Reste des antiken *Theaters von Selge (9–19 Uhr | Eintritt ca. 2 Euro)* auf einem atemberaubenden Höhenzug. *Vom Busbahnhof (Otogar) in Antalya einen Bus nach Ma-*

Traumhafte Lage: das antike Theater von Aspendos

SÜDKÜSTE

navgat oder Alanya besteigen und am Abzweig Köprülü Kanyon aussteigen; von hier aus mit einem Minibus zum Dorf Beskonak bzw. zum Cañon weiterfahren | koprulukanyon.com | ⌕ F6–7

ALANYA

(⌕ F7) **Das reizvoll gelegene Städtchen Alanya (110 000 Ew.) mit schönen Stränden, einem regen Nachtleben und der beeindruckenden Festung mitten im Ort ist ein Touristenmagnet. Wer kommt, will am liebsten bleiben.**

Mittlerweile sind es über 25 000 Deutsche, die in der Region leben. Das hat erstens mit dem sehr nahen Gazipaşa-Flughafen zu tun, der sommers von Europa aus direkt angeflogen wird, und zweitens mit dem milden Klima: Das Thermometer fällt so gut wie nie unter 10 Grad, das Meer bleibt das ganze Jahr über warm, und wenn in Deutschland Schnee fällt, werden hier Orangen und Bananen gepflückt. Die *Meerespromenade* gibt sich im Sommer wie ein Rummelplatz. Große, als Piratenschiff zurechtgemachte Ausflugsboote und andere touristische Angebote dominieren das Ufer. Wer dem Rummel entfliehen will, bezieht ein Hotel außerhalb – die Strände sind ja endlos. Am Ende der Promenade erreicht man den alten Hafen, an dem der *Kızıl Kule*, der Rote Turm, daran erinnert, dass Alanya mal ein wichtiger Militärstützpunkt war, denn er liegt an der Mündung von zwei wichtigen Flüssen: Dim und Kargı. Wie an der gesamten Küste war das Zedernholz aus den grünen Bergen gleich im Hinterland für den Schiffsbau unentbehrlich.

SIGHTSEEING

ALANYA KALESI (FESTUNG)
Ein Lift führt dich nach oben: Von der westlichen Seite der hoch aus dem Meer ragenden Zitadelle hast du einen wunderbaren Rundblick. Imposant ist der *Rote Turm (Kızıl Kule)* am Hafen, ein achteckiger, 35 m hoher Wehrbau aus dem Jahr 1224, der eine zentrale Funktion in der Stadtbefestigung einnahm. Sehenswert ist auch die gleich südlich gelegene seldschukische *Werft (Tersane)* von 1227. *Tgl. April–Okt. 8.30–19.30, Nov.–März bis 17.30 Uhr | Eintritt 3,50 Euro | Lift 9.30–23 Uhr vom Atatürk-Park, Güzelyalı Cad. 6, einfache Fahrt ca. 2,20 Euro | alanyateleferik.com.tr |* ⏱ *2 Std.*

DAMLATAŞ MAĞARASI (TROPFSTEINHÖHLE) ☂
Die Grotte ist nicht nur für ihre atemberaubende Schönheit berühmt, sondern auch für ihre heilende Luft. Am Eingang gibt es einen 50 m langen und 15 m hohen Engpass, danach betritt man den zylindrischen Hohlraum. Die Stalagmiten und Stalaktiten sind in 15 000 Jahren entstanden. *Tgl. 8.30–16.30 Uhr | Eintritt ca. 2 Euro | am Nordwestfuß des Burghügels | Minibusse vom Busbahnhof oder Ausflugsboot vom Hafen (Rundfahrt ca. 3 Std., 10–15 Euro) |* ⏱ *3 Std.*

ALANYA

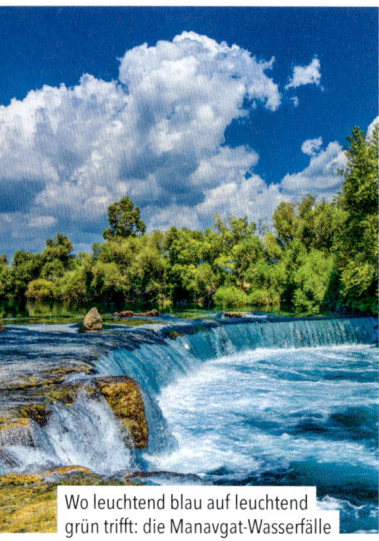

Wo leuchtend blau auf leuchtend grün trifft: die Manavgat-Wasserfälle

ESSEN & TRINKEN

RED TOWER BREWERY
Brauerei, Restaurant, Kneipe und Musikhalle zugleich. Hier haben selbst gebraute Biere Konjunktur. Neben Kebap bekommst du auch Vegetarisches und Salate. Zentral am Hafen. *İskele Cad. 80 | Tel. 0242 5 13 66 64 | redtowerbrewery.com | €€*

İSKELE SOFRASI
Muslimischen Flüchtlingen aus Kreta, die sich im 19. Jh. an der Küste niederließen, hat man hier viele leckere Gerichte zu verdanken, wie das Girit Ezmesi, eine Vorspeise aus Schafskäse, Walnüssen, Knoblauch, Kräutern und Olivenöl. Diese und andere vegetarische Raritäten kannst du im Grill- und Fischlokal İskele Sofrası probieren –

INSIDER-TIPP
Vegetarische Köstlichkeit

mit Blick aufs Meer. *Tgl. 9.30–1 Uhr | Tophane Cad. 2b | Tel. 0242 5 13 10 16 | €–€€*

SPORT & SPASS

WATER PLANET AQUAPARK
Dieser Wasserpark bietet auf einem riesigen Areal im Grünen 24 Rutschen, von denen acht für kleinere Kids reserviert sind. Rafting auf einem künstlich angelegten Fluss und Bungee-Jumping sind hier auch möglich. Ansonsten gibt es die üblichen Snacks, Pasta und Pizza, ruhige Pools zum Ausruhen, Schließfächer, Kabinen und Duschen. *Tgl. 10–17 Uhr | Okurcalar Mevkii | Einttritt Erw. 25, Kinder 7–12 J. 22 Euro | Tel. 0242 5 27 51 64 | waterplanet.com.tr*

STRÄNDE

Insgesamt 3 km nach Westen und 8 km nach Osten erstrecken sich Alanyas Strände. Westlich des Burgbergs liegt der 2 km lange *Kleopatra-Strand* mit dem saubersten Wasser. Flach abfallend und azurfarben, ist er besonders bei Sonnenuntergang ein Paradies. Gleich östlich der Stadtmitte fängt der *Portakal-Strand* an, 1 km lang und beliebt bei Wassersportlern.

AUSGEHEN & FEIERN

Mondscheintouren mit Verpflegung und Musik bieten viele Boote vom Kai aus an. Wenn du lieber an Land bleiben möchtest, findest du am Hafen und an der Promenade (*İskele Caddesi und Umgebung*) genügend Knei-

SÜDKÜSTE

pen und Diskos. *Havana Club, James Dean, Black Horse* und *Equinox* sind die In-Clubs. In den Seitenstraßen Richtung Zentrum findest du Off-Kneipen wie das *Doors (3. Sok. 16)*.

RUND UM ALANYA

5 İNCEKUM

27 km nordwestl. von Alanya / 30 Min. (Auto)

Wer Richtung Antalya fährt, erreicht nach 27 km den feinsandigen Strand İncekum mit Campingplätzen und Wäldern im Rücken. Das Meer wird nach ca. fünf Metern langsam tiefer. *Stdl. Kleinbusse vom Zentrum.* | F7

6 MANAVGAT ŞELALESI (MANAVGAT-WASSERFÄLLE)

64 km nordwestl. von Alanya / 1 Std. (Auto)

Die Wasserfälle sind ein beliebtes Ausflugsziel, dem du dich von Manavgat aus auch auf dem Wasser nähern kannst *(Bootsanleger an der Flussbrücke)*. Trotz des Trubels hat der Platz seinen Charme: In den schattigen Restaurants am tosenden Wasser schmecken frische Forellen. *Bus- und Dolmuşverbindungen von Side und Alanya* | F7

7 SIDE

63 km nordwestl. von Alanya / 1 Std. (Auto)

Die Urlaubshochburg Side hat sich herausgeputzt: Die einst am Wegesrand lagernden Ruinen sind geordnet, die *Ausgrabungsstätte*, die quasi mitten im Ort liegt, ist gut zu begehen. Eine autofreie Zone macht vor allem die *Meerespromenade* reizvoll, schöne Restaurants und Teehäuser säumen das Ufer. Side ist zugleich ein Rentnerparadies: Gerade deutsche Pensionäre lieben es, hier zu überwintern. Die großen Hotels liegen etwas außerhalb in *Titreyengöl* am breiten, uferlosen Sandstrand. Du kannst aber auch weniger überlaufene Ecken am Meer finden. Die *Ruine des Apollo-Tempels* ist das Wahrzeichen Sides. F7

KAŞ

(D8) **Das schöne Örtchen Kaş (8000 Ew.) liegt in einer Bucht tief unterhalb der Küstenstraße und zieht, mangels großer Sandstrände, eher unternehmungslustige Individualreisende an.**

An der steilen Küste genießt du herrliche Aussichten und türkisfarbenes Wasser wie aus dem Bilderbuch. In dem einst griechischen Dorf sind viele alte Häuser schick restauriert. Dass Kaş auch schon vor mehr als 2000 Jahren besiedelt war, zeigen lykische Sarkophage im Ort. Etwas außerhalb liegt ein gut erhaltenes griechisches Theater.

Der Ort lebt von seiner ungezwungenen, kosmopolitischen Atmosphäre, dem jugendlichen Touch und den vielen Cafés und Kneipen. Und: Kaş gilt als das beste Tauchrevier der Türkei.

RUND UM KAŞ

INSIDER-TIPP
In die Geschichte eintauchen

In den Buchten rundum liegen Reste antiker Siedlungen unter Wasser, die in Tauch- und Schnorchelgängen entdeckt werden können. Vom Hafen aus starten Boote für Tauchexkursionen und Ausflugsboote zur Insel *Kekova* oder der Kaş vorgelagerten griechischen Insel *Kastellórizo* (türk. *Meis*).

ESSEN & TRINKEN

BI LOKMA RESTAURANT

Aus einem Streetfood-Stand hat die Wirtin das Lokal entwickelt: Sie bietet türkische Hausmannskost an, täglich wechselnd, je nach Saison. *Tgl. 8–24 Uhr | Andifli Mh. Uğur Mumcu Cad. 2 | Tel. 0242 8 36 39 42 | Facebook: Bi Lokma | €€*

MAVI BAR

Im Winter wie im Sommer geöffnete Café-Kneipe, sie ist eine Institution in Kaş. Man sitzt auf den kunterbunten Stühlen, sinniert über die Welt und nippt an seinem Raki. *Tgl. 10–24 Uhr | Andifli Mah., Cumhuriyet Meydanı | Tel. 0242 836 18 34 | €*

SPORT & SPASS

Es gibt über ein Dutzend Tauchschulen im Ort, z. B. *Mavi Diving (Küçük-Çakıl-Strand | Tel. 0242 8 36 26 73 | mavidiving.com)* und *Kaş Diving (Andifli Mah. Hükümet Cad. 10 | Tel. 0242 8 36 40 45 | kaş-diving.com)*. Die Clubs haben eigene Boote und bieten auch Tauchkurse an.

RUND UM KAŞ

8 PATARA ★

43 km von Kaş / 45 Min. (Auto)

Auf der Küstenstraße östlich von Kaş sieht es auf einmal aus, als ob die Wüste auf das Meer trifft: Dort dehnt sich der Strand Patara auf 18 km Länge aus – der schönste Strand der Türkei! Hinter den Dünen liegen die *Ruinen (tgl. 8–19.30 Uhr | Eintritt ca. 2 Euro)* des lykischen Hafens Patara: ein Theater, ein Stadttor und eine Schiffswerft. Am Strand herrscht Bauverbot. Es gibt in der Nähe kleine Pensionen und Hotels. Du kannst hier quasi alles machen: laufen, schwimmen, tauchen, kiten oder mit dem Pferd am Meer entlangreiten. *D7–8*

9 KEKOVA

35 km. östl. von Kaş / Minibus vom Busbhf. und Boot vom Kai

Die langgezogene Insel Kekova liegt wie ein Riegel vor einer großen Bucht, die dadurch so geschützt wird, dass sie fast wie ein Binnengewässer wirkt. Innerhalb dieser Bucht gibt es eine Vielzahl kleiner Inseln und Felsen, die zusammen ein eindrucksvolles Panorama bilden. Auf der dem Festland zugewandten, nördlichen Seite von Kekova gab es im Altertum mehrere Siedlungen, die heute teilweise unter Wasser liegen, aber noch gut erhalten sind. Du stehst bis zu den Knien im Meer und schaust auf Wohnungsgrundrisse herab. Ein Paradies für Schnorchler! *D8*

SÜDKÜSTE

Schier endlos und wunderschön: der Patara-Strand

🔟 KALEKÖY

Mit dem Boot von Üçağız

Kaleköy, gegenüber der Kekova-Insel, ist eines der ganz wenigen touristischen Glanzlichter auf dem Festland, das bis heute nur mit dem Boot erreichbar ist. Unterhalb der von den Johannitern aus Rhodos im Mittelalter erbauten Burg liegen Restaurants und 👉 günstige Pensionen. Von Kaş aus gibt es im Sommer täglich Bootstouren nach Kekova, die auch in Kaleköy anlegen. Kaleköy ist außerdem zu Fuß oder per Boot vom benachbarten Üçağız aus erreichbar. *D8*

1️⃣1️⃣ OLYMPOS ⭐

120 km östl. von Kaş / 2¼ Std. (Auto)

Verwunschene Ruinenstätte mit einem wunderschönen Strand, an dem sich ein alternativer Tourismus mit 👉 Baumhäusern und kleinen Pensionen etabliert hat. Ungefähr eine Stunde Fußmarsch entfernt liegt die aus der griechischen Mythologie bekannte Stätte *Chimaira*, wo durch Gas gespeiste ständige Erdfeuer brennen. In der Antike vermutete man hier den Aufenthaltsort des Feuer speienden Drachens Chimäre. *Eintritt 2 Euro | Richtung Antalya 3 km vor Ulupınar, Richtung Çıralı weist ein Schild auf Olympos hin | E7*

FETHIYE

(*D7*) Fethiye (90 000 Ew.) liegt am gleichnamigen Golf, der weit ins Land hineinreicht, und ist mit seinen zahlreichen kleinen Inseln ein Paradies für Bootsausflüge und Wandertouren.

Die Stadt hat eine Marina, nette Hotels, eine schöne Promenade und inzwischen auch ein Nachtleben. Was fehlt, sind Stadtstrände, weshalb sich die meisten Besucher auf

FETHIYE

Abenteuer Gleitschirm: Tandemflug über der Bucht von Ölüdeniz bei Fethiye

kier. Eine Treppe an der Kaya-Allee (Nähe Busbahnhof) führt zum schönsten und größten Felsgrab, dem 15 m hohen *Grab des Amyntas*. Die Lykier bestatteten ihre Toten in erhöhten Felskammern, da sie glaubten, dass die Seelen der Verstorbenen von Sirenen in den Himmel getragen würden.

die umliegenden Buchten verteilen. Der berühmteste Strand ist der von *Ölüdeniz*, der zu Recht jedes touristische Werbeplakat der Türkei ziert. Fethiye ist Ausgangspunkt für Jeep- oder Bustouren zu den näheren Buchten wie Ekincik oder zu den Tälern im Taurusgebirge. Am Hafen kannst du die „Blaue Reise" für drei Tage nach Marmaris oder auch länger buchen.

SIGHTSEEING

KAYA MEZARLARI (FELSENGRÄBER)
Unübersehbar in die Felsen am Stadtrand gehauen sind die Gräber der Ly-

ESSEN & TRINKEN

YENGEÇ RESTAURANT
Vom morgendlichen Frühstück über das Mittagsmenü bis zum Grillfisch, -fleisch oder -gemüse am Abend reicht das Angebot des schönen Lokals in der Marina. *Tgl. 8.30–2 Uhr | 2. Karagözler Mah. Yes Marina Rıhtım 1 | Tel. 0252 6128383 | yengecrestaurant.com.tr | €€€*

SAHIL LOKANTALARI
Für ein schnelles Essen mittags oder abends, für eine Suppe zwischendurch oder für den nächtlichen Hunger – das einfache Lokal mit Hausmannskost macht für ca. 5 Euro satt. *Tgl. 11–2 Uhr | Tuzla, Mah. Mustafa Kemal Blv. 5 | €*

SPORT & SPASS

KANUTOUR AUF DEM EŞEN
Ein besonderes Vergnügen für die ganze Familie ist eine Kanu- oder Paddeltour auf dem Fluss *Eşen Çayı*. Im Unterschied zum Rafting geht es dabei allerdings eher gemütlich zu – der Ausflug ist deshalb auch für Kinder ungefährlich. Der Eşen entspringt im Taurusgebirge und mündet unmittel-

SÜDKÜSTE

bar nördlich des Patara-Strands ins Meer. Eine Tour beginnt meist gegen 11 Uhr unter der Brücke in Kınık. Kanus und Schwimmwesten werden in Patara ausgeliehen, z. B. bei *Dardanos Turizm (ca. 25 Euro/Person inkl. Barbecue | Tel. 0242 8 43 51 09 | dardanos-travel.com).*

RUND UM FETHIYE

12 ÖLÜDENIZ ★
12 km südl. von Fethiye / 20 Min. (Auto)

Die azurblaue Lagune mit dem weiß leuchtenden Sandstrand, eingefasst von einem grünen Baumgürtel, ist weltberühmt und ein herrliches Schwimm- und Schnorchelrevier. Von Fethiye führt die Straße serpentinenartig durchs Gebirge hinunter zum *Belcekız-Strand*, dem linken Abschnitt der großen Bucht, an deren rechtem Ende die Lagune Ölüdeniz liegt. Der Strand bietet zahlreiche Unterkünfte. 950 ha Land stehen hier unter Naturschutz.

Von Ölüdeniz fahren Dolmuş-Boote *(mit Rückfahrt 7 Euro)* ins *Kelebekler Vadisi (Tal der Schmetterlinge).* Diese Bucht verdankt ihren Namen einer großen Schmetterlingskolonie, die die Hänge bevölkert. Es gibt hier nur einen einzigen Übernachtungs- und Restaurantbetrieb *(Handy 0530 3 02 19 65 | Büro in Fethiye Tel. 0252 6 13 14 55 | kelebeklervadisi.org | €).* D7

13 SAKLIKENT-CAÑON
43 km südöstl. von Fethiye / 45 Min. (Auto)

Ein begehbarer Cañon, der tief ins Gebirge schneidet und durch den ein eiskalter Gebirgsbach fließt – im Sommer eine willkommene Erfrischung. Das eindrucksvolle Naturschauspiel begeistert besonders die Jüngsten. In der Gruppe geht ihr über einen Holzweg an der Schlucht entlang und erreicht einen Talkessel, wo ein Flussrestaurant mit frischen Salaten und Forellen auf euch wartet. *Eintritt ca. 1,50 Euro |* D7

14 XANTHOS (KINIK)
50 km südwestl. von Fethiye / 1 Std. (Auto)

Die Ruinenstätte beim Dorf Kınık war einst die wichtigste Stadt Lykiens. Einzigartig sind die sogenannten Pfeilergräber wie das *Harpyien-Monument* (um 480 v. Chr.): Die Urnen befinden sich oben auf einem freistehenden Sockel. Harpyien sind in der Mythologie Vögeldämonen, die die Seelen der Toten in den Himmel tragen. *Tgl. 8–19.30 Uhr | Eintritt ca. 2 Euro |* D7

MARMARIS

(C7) Wenn der Sommer kommt, dann verwandelt sich die Hafenstadt Marmaris (32 000 Ew.) in einen trubeligen Ort. Hier erwarten dich feine Ferienresorts, Spa-Hotels, Marina-Restaurants und ein relaxtes Publikum.

MARMARIS

Die Wälder gehen bis ans Ufer, im Hinterland kannst du dich in kühlen Gebirgsflüssen erfrischen, du schläfst unter Eukalyptus- oder Amberbäumen und atmest saubere Luft. Die *Netsel Marina* ist mit 1500 Liegeplätzen der größte Segelstützpunkt im östlichen Mittelmeer. Umliegende Buchten wie *Turunç* oder *İçmeler* sind im Sommer nicht so heiß und weniger überlaufen. Hier gibt's auch schöne Campingplätze.

Die Ausflugsboote zu Stränden in der Umgebung legen jeden Morgen um 10 Uhr vor dem Atatürk-Denkmal am Yeni Kordon ab *(5–10 Euro)*. Längere Bootstouren nach Ekincik, Dalyan oder Bodrum starten vom Hafen aus. Die Fähren nach Rhodos legen täglich zweimal hinter der Segelmarina ab *(yesilmarmarislines.com)* – die Kreuzritterinsel musst du einfach gesehen haben!

INSIDER-TIPP: Auf den Spuren der Kreuzritter

SIGHTSEEING

MARMARIS KALESI (BURG)
Die Burg über der kleinen Altstadt lohnt in jedem Fall einen Aufstieg, zumal auf dem Weg nette Cafés und Kneipen liegen. Die Burg wurde zuerst 1044 v. Chr. in der ionischen Ära angelegt und später von Alexander dem Großen erweitert. 1522 baute der Sultan Suleiman der Prächtige die Anlage für sein Rhodos-Unternehmen aus. Heute sind hier archäologische und ethnografische Stücke ausgestellt. *Di–So 8–17 Uhr | Eintritt ca. 1,5 Euro |* ⏱ *2 Std.*

ESSEN & TRINKEN

AQUARIUM
Jazzklänge, schöne Teakmöbel, guter Wein, eine super Aussicht, mediterrane Küche ohne großen Schnickschnack: Direkt an der Hafenpromenade gelegen, ist das Aquarium sowohl tagsüber als auch am Abend ein schöner Platz. *Tgl. 9–1 Uhr | Barbaros Cad. 55 | Tel. 0252 4 13 15 22 | €€–€€€*

MERYEM ANA
Gute Hausmannskost unweit der Marina. Türkische Ravioli *(mantı)* und *Gözleme* stehen immer auf der Speisekarte. Daneben frisches Gemüse der Saison, mit und ohne Fleisch. *Tgl. 8–0 Uhr | 34. Sokak | Tel. 0252 4 12 78 55 | €*

STRÄNDE

Vom Marmaris-Zentrum bis zum Ort İçmeler erstreckt sich der Stadtstrand mit Cafés und Restaurants. Der *Marmaris Halk Plajı* geht in den *Uzunyalı Plajı* über und bildet einen 10 km langen, kostenlosen Badestrand, an dem man nur für Liegen und Schirme bezahlen muss *(ca. 3 Euro)*.

AUSGEHEN & FEIERN

Die *Hacı Mustafa Sokak* (Bar Street) liegt gleich hinter der Meerespromenade. Eine zweite, etwas ruhigere Amüsierstraße bietet die *Uzunyalı Cad.* hinter dem Stadtstrand, direkt am Meer. Die Cafés und Pubs in der

SÜDKÜSTE

Marina sind stylisch und teurer, bieten aber auch einen tollen Blick. Vom Pier im Zentrum aus kannst du ab 20 Uhr Mondscheinfahrten unternehmen.

RUND UM MARMARIS

15 DALYAN ★

85 km östl. von Marmaris / 1¼ Std. (Auto)

Der entzückende 4000-Seelen-Ort liegt im Delta des Dalyan-Flusses. Die schilfbestandene Mündung und der vorgelagerte, wunderschöne Badestrand İztuzu stehen unter Naturschutz: Das Areal ist eines der letzten Brutgebiete der Mittelmeerschildkröte *Caretta caretta*. Das Erscheinungsbild von Dalyan ist von kleinen Hotels geprägt. *Gerdas Café (Karakol Sok. 4 | Tel. 0252 2 84 36 64 | €€)* gehört einer Deutschen, die in ihrem Garten u.a. köstliche Waffeln backt. Von Dalyan verkehren kleine Boote zum Sandstrand und zurück. *C7*

Wenn die große weite Welt ruft: Schildkröten am Strand von Dalyan

16 REŞADIYE-HALBINSEL

Südwestl. von Marmaris, 52 km bis Bozburun, 70 km bis Eski Datça / jew. 1¼ Std. (Minibus vom Busbhf.)

Im Südwesten von Marmaris reckt sich die Reşadiye-Halbinsel in die Ägäis. Das antike *Knidos* und die beschauliche Hafenstadt *Bozburun* an beiden Seiten sind beliebte Anlaufplätze für Segler. Drei Naturprodukte prägen dieses weithin unberührte Stück Natur: Honig, Oliven und Mandeln. 52 Badebuchten säumen die Halbinsel, am bekanntesten sind *Selimiye*, *Bozburun*, *Palamutbükü*, *Hayitbükü* und *Ovabükü*.

INSIDER-TIPP Auf Zeitreise

In *Eski Datça*, dem historischen Ortskern von *Datça*, hatten sich einst türkische Intellektuelle und Künstler eingerichtet. Heute wird der Ort am Rand des neuen Datça in der Mitte der Halbinsel von hübschen Pensionen, Cafés und Restaurants bevölkert. *B7*

ZENTRAL-ANATOLIEN

MÄRCHENHAFT, MYSTISCH, MODERN

Die karge zentralanatolische Hochebene steht in herbem Kontrast zu den Bergwäldern der Schwarzmeerregion und den heiteren Küstengebieten im Süden. Doch inmitten des Hochlands finden sich Landstriche wie das märchenhafte Kappadokien, die hochmoderne Stadt Ankara oder auch erstaunliche Spuren vergangener Zivilisationen wie die der Hethiter und Seldschuken. Inneranatolien war jahrhundertelang die Landbrücke auf dem Weg von Ost nach West und umgekehrt. Prachtvolle Karawanserailen,

In Kappadokien bist du in einer Zauberwelt unterwegs

Moscheen und andere Bauten in Konya gehören zu den herausragenden Zeugnissen islamischer Architektur. In Kappadokien stechen zuckerhutähnliche Gebilde aus Tuffspitz aus der Erde. Darunter verbergen sich Wohnräume und kleine Kirchen, ausgestattet mit farbenfrohen Fresken. Hier und in den Großstädten Mittelanatoliens findest du eine gute touristische Infrastruktur. In Zentralanatolien gibt es aufgrund restriktiver Lizenzvergaben immer weniger Lokale – mit Ausnahme von Hotelrestaurants –, die Alkohol ausschenken.

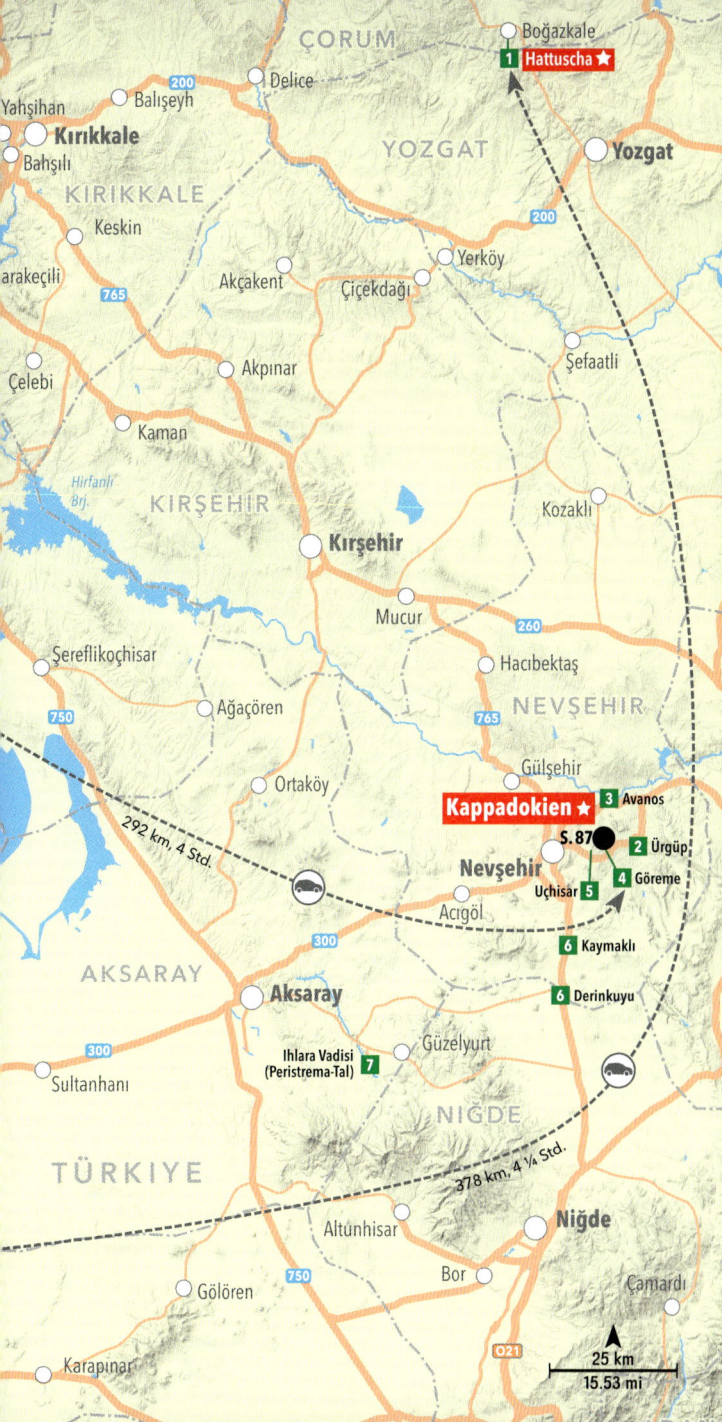

ANKARA

(G4) **Als Republikgründer Mustafa Kemal Atatürk entschied, die Hauptstadt des neuen Staates solle Ankara sein, war der Ort nicht mehr als eine verstaubte Kleinstadt – bekannt höchstens als das antike Ankyra und als Herkunftsort der Angora-Schurwolle.**

Inzwischen ist Ankara zu einer Metropole mit 5 Mio. Einwohnern gewachsen. Moderne Einkaufsmeilen, hübsche Cafés und gute Restaurants machen die Stadt lebenswert. Durch die Botschaften und andere Institute kommt internationales Flair in die Stadt, was sich vor allem in den Bezirken Kavaklidere und Çankaya im Süden auf dem Hügel bemerkbar macht. Ankara wird von allen großen Busunternehmen angefahren, die Fahrt von İstanbul dauert ca. sechs Stunden. Ein Flug spart Zeit; der Flughafen ist durch einen Shuttlebus-Service mit der Stadt verbunden. Auch ein Hochgeschwindigkeitszug verkehrt zwischen İstanbul und Ankara *(4 Std., ca. 12 Euro/Strecke)*. Von Ankara kannst du per Bahn auch nach Konya fahren *(ca. 2 Std., 5 Euro/Strecke)*.

SIGHTSEEING

KALE (BURG) ★

Die Burg thront über der Stadt. Wann sie erbaut wurde, ist nicht genau festzustellen, man tippt auf das 7. Jh. Die Mauern stammen aus byzantinischer Zeit; Osmanen und Seldschuken bauten die Festung mehrmals um. Die verwinkelten Gassen mit den osmanischen Holzhäusern im Innern der Zitadelle laden heute zu schönen Spaziergängen ein. In dem Bezirk mit den Karawanserails stammen die meisten Bauten aus dem 16./17. Jh. In der Blütezeit des Osmanischen Reichs mehrte sich die Zahl der Karawanen auf der alten Seidenstraße, die auch durch Ankara verlief. Im Süden der Burg befindet sich ein als *Pferdemarkt (At Pazari)* bekannter Platz, der als Hauptmarktplatz diente. Die Entdeckung der Seewege nach Asien und später die industrielle Revolution in Europa führten zum Untergang Angoras. Heute erinnert man sich an das Osmanische Reich und Angoras Zeiten – die Restaurierung der Altstadt steht in einem nostalgischen Licht. *Ulus* | ⏱ *2½ Std.*

ANADOLU MEDENIYETLERI MÜZESI (MUSEUM FÜR ANATOLISCHE ZIVILISATIONEN) ★

Ein Museum von Weltrang: Der in einem ehemaligen gedeckten Basar untergebrachte Komplex umfasst den

---

WOHIN ZUERST?

Ulus-Platz: Vom zentralen Platz führt eine Straße durch die Altstadt auf den Burghügel *(Kale)*. Wieder unten ist nach dem Besuch des Archäologischen Museums und des Atatürk-Mausolums (beides am besten mit Taxi) der Çankaya-Hügel das Ziel: Hier gibt's Cafés, Kneipen, Parks, Einkaufszentren. Nach Ulus kommst du mit dem Bus oder Taxi.

ZENTRALANATOLIEN

Würdige Grabstätte für den Gründer der Republik: Atatürk-Mausoleum

Zeitraum von den ersten Zivilisationen (um 7000 v. Chr.) bis zum klassischen Altertum, mit dem Schwerpunkt auf der Hethiterzeit (2000–1200 v. Chr.). Die Fundstücke stammen alle aus dem Boden der heutigen Türkei. *Mai–Sept. Di–So 8.30–19, Okt.–April 8.30–17 Uhr | Eintritt ca. 5 Euro | Gözcü Sok. 2 | Atpazarı | Tel. 0312 3 24 31 60 | anadolumedeniyetlerimuzesi.gov.tr | ⏱ 2 Std.*

CERMODERN

Ankaras einziges Museum für Moderne Kunst ist in einer ehemaligen Lagerhalle für ausrangierte Waggons untergebracht. Für ein Päuschen bietet sich das nette Café an, Mitbringsel für zu Hause gibt es im Souvenirshop. *Di–So 10–20 Uhr | Altinsoy Cad. | Sihhiye | Tel. 0312 3 10 00 00 | cermodern.org | Eintritt 3,50 Euro | ⏱ 1 Std.*

ANITKABIR (ATATÜRK-MAUSOLEUM)

Die Grabstätte Atatürks ist das Wahrzeichen Ankaras. Das Mausoleum thront auf einem Hügel und ist über einen von hethitischen Löwen flankierten Weg zugänglich. Zu der riesigen Anlage, die als Park genutzt wird, gehört ein Museum, in dem persönliche Gegenstände des Republikgründers ausgestellt sind. *Tgl. 9–17 Uhr | Eintritt frei | Anit Cad. | Anıttepe | anitkabir.tsk.tr | ⏱ 2 Std.*

ESSEN & TRINKEN

CAFÉ DES CAFÉS

Für Vegetarier ein Genuss und seit über 25 Jahren eine Institution im Stadtzentrum: An der einst sehr schicken Flaniermeile *Tunalı Hilmi* bietet

RUND UM ANKARA

Mit über 1000 Geschäften wirst du auf dem Basar in Ankara garantiert fündig

das Bistro viele fleischlose Gerichte an. *Kavaklıdere | Tunalı Hilmi Cad. 83/A | Tel. 0312 4280176 | cafedescafes.com | €€*

MEYHANE AŞINA

Traditionelle türkische Küche in ruhiger Atmosphäre mit einem schönen Garten unter großen Bäumen. Es gibt eine große Vorspeisenauswahl und guten Raki. *Tgl. 14–1 Uhr | Sair Nedim Sok. 23 | Azizye | Tel. 0312 4422036 | €*

SHOPPEN

Die Boulevards *Tunalı Hilmi* und *Iran Caddesi* sind die Haupt-Shoppingmeilen. In der Altstadt um die Zitadelle herum kannst du traditionelle Souvenirs, Teppiche und Ähnliches shoppen. Moderne Shoppingmalls findest du in Ulus, Kızılay und Kavaklıdere, z. B. die *AnkaMall (Mevlana Blv. 2, Metro Akköprü | Yenimahalle | Tel. 0312 5411212 | ankamall.com.tr)*.

RUND UM ANKARA

1 HATTUSCHA ★
200 km östl. von Ankara / 2½ Std. (Auto)

Vor über hundert Jahren wurden die *Ruinen von Hattuscha* entdeckt, die heute zum Weltkulturerbe zählen. Das Hethiterreich (1650–1200 v. Chr.), eines der bedeutendsten Imperien seiner Zeit, hatte hier beim Dorf *Boğazkale* sein Machtzentrum. Zu bewundern sind Tempelfundamente, unterirdische Festungsgänge sowie das Löwen- und das Königstor. In Gebäuden, die als Archive gedient hatten, fand man Keilschrift-Tontafeln. Sie werden im örtlichen *Museum (Di–So 8–19 Uhr | Eintritt 1,50 Euro)* ausgestellt.

2 km nordöstlich von Boğazkale liegt das Felsheiligtum *Yazılıkaya* („beschriebener Fels") aus dem 13. Jh. v. Chr. An den Wänden sind Hunderte von Göttergestalten in den Fels geschlagen. *Die Buslinie Çorum Lider (Tel. 0312 2241314) verbindet Ankara mit Hattuscha.* J4

ZENTRALANATOLIEN

KAPPA-DOKIEN

(📖 J–K 5–6) ★ **Kappadokien ist die wundersamste Landschaft Anatoliens. Die Erdkegel im Dreieck zwischen Nevşehir, Kayseri und Niğde sehen so aus, als hätten Riesen sie für eine Partie Bowling aufgestellt. Dabei waren es Regen, Wind und Flussläufe, die im Laufe der vergangenen 60 Mio. Jahre die bizarren Gebilde aus Tuff, einer kittartigen Vulkanasche, hinterließen.**

Hinter den aschegrauen Fassaden verbergen sich u.a. 360 kleine Kirchen, die den Urchristen als Versteck vor römischer Verfolgung dienten. Diese Höhlen und in Stein gemeißelten Kapellen kannst du z.T. besichtigen. Darüber hinaus gibt es komplett unterirdische Siedlungen, in denen die christlichen Bewohner Kappadokiens sich verbargen, wenn Gefahr drohte. Zwei dieser Städte, *Derinkuyu* und *Kaymaklı*, sind für Besucher zugänglich. In Kappadokien hat sich eine interessante Hotellandschaft entwickelt: In den *Cave-Hotels* ist das Übernachten in luxuriösen Höhlenzimmern möglich.

SIDER-TIPP
Tuffstein-Träume

Von Ost nach West umfasst Kappadokien rund 100 km, von Nord nach Süd sind es 90 km. *Kayseri* im Nordosten der Region hat als Millionenstadt einen Flughafen, der für die Anreise geeignet ist. Die wichtigsten Orte in Kappadokien, von denen aus du das Gebiet erkunden kannst, sind *Ürgüp*, *Göreme* und *Uçhisar*. Die Ballonfahrten über das Tal sowie Reittouren machen den Kappadokien-Urlaub zu einem unvergesslichen Erlebnis. Auskunft: *Park İçi (im Park) | Ürgüp | Tel. 0384 3 41 40 59 | cappadociaonline.com*

ZIELE IN KAPPADOKIEN

2 ÜRGÜP

Das Städtchen (10 000 Ew.) ist ein idealer Ausgangspunkt für Kappadokien-Erkundungen. Es bietet gute Verkehrsanbindungen und Übernachtungsmöglichkeiten. Auf dem größten Hügel von Ürgüp, *Temenni Tepesi* („Hügel der guten Wünsche"), liegt das Grab des Seldschukenkönigs Kılıç Aslan, dessen auch die christliche Gemeinde früher gedachte. Als die Seldschuken vor 900 Jahren diesen Teil des byzantinischen Reichs eroberten, durften die Christen weitgehend ungestört in ihren Höhlen wohnen bleiben. Auf einem Hügel außerhalb von Ürgüp bietet das Restaurant *Hanedan (Nevşehir Yolu | Tel. 0384 3 41 42 66 | €€)* gutes Essen und eine schöne Terrasse. 📖 J5

3 AVANOS

Der Ort ist berühmt für seine Terrakottakrüge und -vasen. In den Töpfereien gegenüber dem Basar 54 an der Straße nach Göreme kannst du selbst den roten Ton formen. Im privaten unterirdischen *Güray Museum (tgl. 9–19 Uhr | Eintritt 2 Euro | Dereyamanli Sok. 44 | guraymuze.com)* gibt es eine tolle Sammlung alter und neuer Keramikkunst zu sehen und zu kaufen. ⏱ *2 Std.* | 📖 J5

KAPPADOKIEN

Vom Heißluftballon aus hast du einen grandiosen Blick auf Kappadokiens Zauberlandschaft

4 GÖREME

Im Göreme-Tal liegen viele Felskirchen, manche nur über halsbrecherische Stiegen oder enge Gänge erreichbar. Im Innern sind sie mit farbenfrohen Fresken geschmückt: Bilderzyklen aus dem Leben Jesu. Die älteste der Höhlenkirchen datiert aus dem 5. Jh. *Göreme Açık Hava Müzesi (Freiluftmuseum Göreme): tgl. 8.30–17.30 Uhr | Eintritt ca. 6 Euro | ⏱ 2 Std. | Eintritt Karanlık Kilise (Höhlenkirche) 3 Euro.*

Wer kein Auto hat, sollte sich – wegen der Nähe zu den Sehenswürdigkeiten – hier ein Hotel suchen. 📖 J5

5 UÇHISAR

Dieser Ort liegt vor den Toren von Nevşehir malerisch auf einem gewaltigen Felsen, gekrönt von einer mittelalterlichen Tuffburg. Ein Franzose vermietet hier zehn restaurierte Steinhäuser als *Les Maisons de Cappadoce (Semiramis A. Ş. | Belediye Meydanı 6 | Tel. 0384 2 19 28 13 | cappadoce.com | €€€).* Auch gut und etwas preiswerter essen kannst du im *Bindallı Restaurant (neben Kaya Hotel | Ürgüp Cad. | Tel. 0384 2 19 26 90 | €€).* 📖 J5

6 KAYMAKLI & DERINKUYU

Bei Kaymaklı und Derinkuyu wurden bis zu acht Stockwerke tiefe unterirdische Siedlungen freigelegt. In dem ausgeklügelten Fluchtsystem mit Toiletten, Waffenlagern, Wasserdepots und Kirchen, das zum Teil bereits in der Hethiterzeit angelegt wurde, konnten die Bewohner der oberhalb liegenden Städte bei Gefahr lange überleben. Ein abenteuerlicher, aber ungefährlicher Abstieg in eine andere Welt. *Tgl. 8.30–17.30 Uhr | Eintritt je 5 Euro |* 📖 J5

ZENTRALANATOLIEN

7 IHLARA VADISI (PERISTREMA-TAL)

Verlass Kappadokien nicht, ohne diese Schlucht südöstlich von Aksaray gesehen zu haben: Peristrema, „das um und um gewundene Tal". 100 m tief und 14 km lang, in der Mitte ein baumbestandener Fluss – in seiner Monumentalität drängt sich ein Vergleich mit dem Grand Canyon auf. An den Steilhängen sind die Eingänge zu zahlreichen Kapellen erkennbar. Es gibt drei Taleingänge, einen zentralen ausgeschilderten, einen südlichen im Dorfzentrum von Ihlara und einen nördlichen bei Belisırma. *Zutritt tgl. 8–19 Uhr | Eintritt ca. 3,50 Euro | muze.gov.tr/ihlara | J6*

SPORT & SPASS

BALLONFLÜGE

Das Highlight jedes Kappadokien-Besuchs sind Rundflüge mit einem Heißluftballon. Die Ballonfahrten über den Tuffsteinhügeln starten meistens im Morgengrauen, um den Sonnenaufgang miterleben zu können. Die Flüge über der kappadokischen Traumlandschaft sind mittlerweile sehr populär und haben ihren Preis. Rund 200 Euro musst du einkalkulieren. Einer der renommiertesten Anbieter ist *Royal Ballon (Göreme | Avcılar Mah. Dutlu Sok. 9 | Tel. 0384 2713300 | royalballon.com | 175–240 Euro).*

REITEN

Ebenfalls sehr beliebt und ein besonderes Erlebnis sind Reittouren durch die Zauberlandschaft. Eine gute Adresse für kurze Ausritte bis zu tagelangen Pferdetrekkingtouren ist das *Akhal-Teke Horse Riding Center (2 Std. mit Begleitung 50 Euro | Tel. 0384 5115171 | akhal-tekehoursecenter.com)* bei Avanos. Die Agentur *Kirkit Voyage (Tel. 0384 5113259 | kirkit.com)* organisiert auch Mountainbiking und andere Outdooraktivitäten.

KONYA

(G6) ★ **Konya (mit Umland insg. 2 Mio. Ew.) ist eine besondere Mischung aus Tradition und Moderne.** Sie ist das Zentrum des anatolischen Islam, die Religion prägt die Stadt bis heute. Hier wurde der mystische Mevlana-Orden gegründet, besser bekannt als die „tanzenden Derwische". Eine der großen Attraktionen der Stadt ist das alljährlich am 12. Dezember stattfindende Derwisch-Festival am To-

---

WOHIN ZUERST?

Mevlana-Komplex: Das Herz Konyas bilden das Mausoleum des Mystikers von Rumi (türk. Mevlana) und das benachbarte Mevlana-Museum des Sufi-Ordens. Über die Mevlana-Allee steigst du im Osten auf den Alaeddin-Hügel. Dahinter liegen die Ince-Minare-Moschee und südlich des Hügels das Archäologische Museum. Das alles kannst du zu Fuß erkunden. Ins Stadtzentrum kommst du, sofern du nicht hier übernachtest, mit Bus oder Taxi.

KONYA

destag des Mystikers Mevlana Celaleddin Rumi. Die in Trance durchgeführten Drehungen der Männer werden bei dir einen tiefen Eindruck hinterlassen.

Konya überrascht als grüne Oase inmitten einer kargen Ebene, geprägt von Grünflächen, gespeist von zahlreichen Brunnen und kleinen Flüssen. Der besonderen Lage wegen machten die Seldschuken Konya (römisch: Iconium) zur Hauptstadt ihres Reiches. Aus dieser Zeit sind zahlreiche Bauten gut erhalten. Die sogenannten „Anatolischen Tiger", fromme Geschäftsleute aus Konya, Kayseri und Umgebung, investieren in ihre Region. Schicke Einkaufszentren, ein sauberes Stadtbild und eine funktionierende Infrastruktur geben der Stadt ein modernes Gesicht. Auf der Konya-Ebene blühen im Frühjahr Millionen Tulpen, die die Grünflächen İstanbuls und Ankaras verschönern.

INSIDER-TIPP Im Tulpenfieber

SIGHTSEEING

MEVLANA MÜZESI (MEVLANA-MUSEUM)

Das Kloster *(tekke)* des Derwisch-Ordens ist heute das meistbesuchte Museum der Türkei nach dem Topkapı-Palast in İstanbul. Der Ordensgründer Celaleddin Rumi (1207–73) wurde in Afghanistan geboren und lebte in Konya. Er fand im 13. Jh. durch seine mystischen Anschauungen und seine Predigten über Friedfertigkeit und universelle Liebe viele Anhänger. Im Mittelpunkt der Anlage steht Rumis Grabstätte *Yeşil Türbe* („Grünes Grab"), die wegen der grünen Fayencen des Kegeldachs so genannt wird. Zu den Höhepunkten zählen die 30 000 Handschriften der Ordensbibliothek und die Sammlung von Teppichen und Kelims aus dem 13.–18. Jh. *Di–So 10–18 Uhr | Eintritt 1,50 Euro | Mevlana Cad. |* ⏱ *1½ Std.*

ALAEDDIN TEPESI (ALAEDDIN-HÜGEL)

In einem Park mit schattigen Teegärten liegt die *Alaeddin Camii*, die größte und älteste seldschukische Moschee in Konya. Nach siebzigjähriger Bauzeit wurde sie 1221, auf dem Höhepunkt der Seldschuken-Macht in Kleinasien, von Sultan Alaeddin Keykubat I. eingeweiht. Die *mihrab* (Gebetsnische) ist mit prachtvollen Fayencen ausgestattet, die *minbar* (Kanzel) besitzt wertvolle Ebenholzschnitzereien. Auf der anderen Straßenseite steht die *Büyük Karatay Medresesi* (Große Karatay-Akademie), heute ein *Museum für Keramikarbeiten (Di–So 8.30–17 Uhr | Eintritt 1,50 Euro | Alaaddin Bulvari 15)* aus seldschukischer Zeit.

ESSEN & TRINKEN

MITHAT RESTAURANT

Das Lokal ist die erste Adresse für Tirit Kebap, eine weitere lokale Spezialität von Konya. Es liegt im Stadtzentrum, und verkauft nur dieses eine Gericht aus Lammfleisch auf Pitabrot mit Joghurt. *Tgl. 11–21 Uhr | Azize Mah. Yusufaga Sok. 21A | Tel. 0332 3 50 72 98 | €€*

HACI ŞÜKRÜ

Im Kebap-Haus gibt es Spezialitäten wie *etli ekmek* (türk. Pizza) und das örtliche *fırın kebap* (im Ofen). *Tgl. 12–23 Uhr | Ferhuniye Mah. | Müneccimbaşı Sok. 20 | Tel. 0332 3 52 76 23 | €*

SHOPPEN

Das *Basarviertel* erstreckt sich zwischen Cumhuriyet und Atatürk Caddesi. Hier findest du jede Menge Souvenirs. Im *Ikonium Atelier (Mo–Fr 10–18 Uhr | Bostan Celebi Sok. 12A | Tel. 0532 6 98 28 24)* verkauft ein türkisch-amerikanisches Paar handgefertigte Textilien aus Filz und Seide. Hinter der Mevlana Caddesi kannst du in *Karavan Carpet (Ayanbey Sok. 6A | Tel. 0332 3 51 04 25 | karavancarpet.com)* in Teppichen und Kelims wühlen und fündig werden.

gewährleisteten Belüftung und Lichtzufuhr und erzeugten eine treppenartige Verschachtelung. Der Zugang ins Haus erfolgte über eine Leiter; für den Herd diente die Einstiegsluke zugleich als Rauchabzug.

Zu den spektakulärsten Zeugnissen gehören die von dem britischen Archäologen James Mellaart 1958 freigelegten Malereien und Wandreliefs an den Innenwänden einzelner Häuser. Die meisten Funde können im Museum für anatolische Zivilisationen in Ankara besichtigt werden, aber auch das kleine Museum vor Ort ist sehenswert. *Bus vom ZOB in der Halil Ürün Cad. | tgl. 9–19 Uhr | Eintritt frei |* ▯ *G6*

RUND UM KONYA

8 ÇATALHÖYÜK
42 km südöstl. von Konya / 50 Min. (Auto)

Eine der ältesten Siedlungen der Menschheit und ein Weltkulturerbe: Ca. 9000 v. Chr. haben auf einer ca. 50 Fußballfelder großen Fläche über 2500 Menschen gelebt. Wasser stand ausreichend zur Verfügung, entsprechend üppig war das Nahrungsangebot (Wild, Früchte). Die Siedlung bestand aus eng aneinandergesetzten rechteckigen Häusern, die aus Lehmziegeln oder Stampflehm errichtet wurden. Unterschiedliche Raumhöhen und Bodenniveaus

In Çatalhöyük stößt du auf Reste einer 11 000 Jahre alten Siedlung

SÜDOST-ANATOLIEN

WEITGEHEND UNENTDECKTE SCHÖNHEIT

Majestätische Berge wie der Ararat wechseln sich mit steppenhaften Ebenen und grünen Flusstälern ab – Euphrat und Tigris sind die Lebensadern dieser Region.

Wer mehr Lust hat auf Abenteuer als auf einen All-inclusive-Strandurlaub, ist hier richtig. Trotzdem ist für Touristen Vorsicht geboten. Vor der Reise sollten die Sicherheitswarnungen des Auswärtigen Amts beachtet werden *(auswaertiges-amt.de)*. Mit Rücksicht auf den konservativen Sittenkodex der Bevölkerung sollte man hier Arme

Mit dem Boot erreichst du die Heiligkreuzkirche Ahtamar, das Wahrzeichen des Van-Sees

und Beine immer bedeckt halten. Außerdem ist es ratsam, sich nur auf den Hauptstraßen fortzubewegen und in größeren Ortschaften zu übernachten.
Umwerfend sind hier nicht nur die Berg- und Tallandschaften. Der Bevölkerungsmix aus türkischen und kurdischen Muslimen, Armeniern, Griechen, Aramäern u. a. hat eine besondere Kultur hervorgebracht, die man in Städten, Basaren und Restaurants einatmen kann.

SÜDOSTANATOLIEN

MARCO POLO HIGHLIGHTS

★ **ŞANLIURFA**
Mit seiner arabischen Altstadt und dem Basar eine Welt für sich ➤ S. 97

★ **GÖBEKLI TEPE**
Die Entdeckung der jahrtausendealten Kultstätte ist eine Sensation ➤ S. 99

★ **BERG NEMRUT**
Gigantische Götterhäupter zeugen vom Selbstbewusstsein eines Königs ➤ S. 99

★ **HEILIGKREUZKIRCHE AHTAMAR**
Das Heiligtum der Armenier liegt auf einer Insel mitten im Van-See ➤ S. 100

★ **ISHAK-PASCHA-PALAST**
Ein Märchenschloss mitten im Niemandsland ➤ S. 102

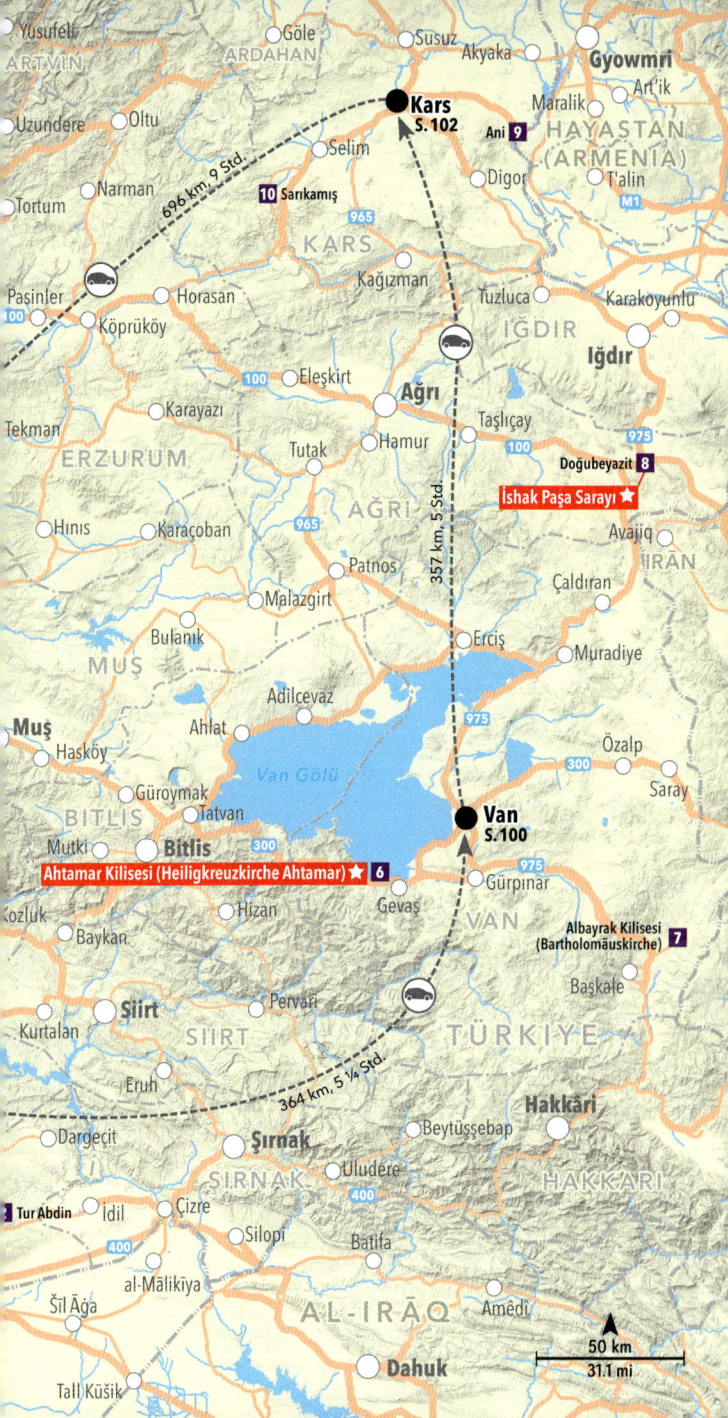

DIYARBAKIR

(Ⅲ O6) **Inmitten einer Steppenlandschaft oberhalb des Tigris liegt die vorwiegend von Kurden bewohnte „Metropole" Südostanatoliens, eine Großstadt mit 1,6 Mio. Einwohnern.**

Diyarbakir ist nicht nur wegen der ca. 35 000 Studierenden der Dicle-Universität eine recht junge Stadt. Die Geburtenrate ist hoch, überall werden neue Wohnungen gebaut. Als der kulturell hippste Ort im strukturkonservativen Osten bietet die Stadt grüne Gärten entlang des Flusses, Basare und moderne Infrastruktur. Man baut hier von Kiwis über Tomaten bis hin zu Leinsamen und Tabak diverse landwirtschaftliche Produkte an. Im Sommer darfst du die Stadt nicht verlassen, ohne die wohl leckersten Wassermelonen der Welt probiert zu haben!

> **INSIDER-TIPP**
> Süße Früchte des Südostens

SIGHTSEEING

SURLAR (STADTMAUER)
Die Basaltmauer, die die Stadt umgibt, ist das augenfällige Wahrzeichen und seit 2015 ein Unesco-Weltkulturerbe. 5 km dieser ältesten Stadtmauer Anatoliens stehen heute noch, ein Teil davon ist zur Besichtigung freigegeben. Die ca. 12 m hohe und 5 m dicke Mauer, die einst mit 78 Türmen bewehrt war, hat ihre Ursprünge unter römischer Herrschaft, danach fügten Araber, Seldschuken, Perser und schließlich Osmanen dem Bauwerk etwas hinzu. Sehenswert ist das zweitürmige *Harput-Tor*, eines von vier Hauptzugängen der Stadt. An der *On-Gözlü-Brücke* kann man schön in Teegärten sitzen.

ULU CAMII (GROSSE MOSCHEE)
Die Große Moschee, eines der Wahrzeichen der Stadt und die früheste seldschukische Sultansmoschee in Anatolien, wurde 1091/92, kurz nach der Eroberung Diyarbakırs, von Sultan Malik Schah errichtet. *Gazi Cad.*

ESSEN & TRINKEN

SÜLÜKLÜ HAN
Der 1638 entstandene Karawanenhof ist heute ein Café-Restaurant mitten im Basar, in dem du den besten Wein des Südostens trinken kannst. *Demirciler Çarşısı | Suriçi | Tel. 0412 1 23 45 67 | €€*

DAĞKAPI CIĞERCISI
Unmittelbar am Eingang zur Altstadt gelegen, werden hier die traditionellen Gerichte der südanatolischen Küche angeboten. Die Spezialität ist gebratene Leber. Alkohol gibt es nicht. *Kıbrıss Cad. 6 | Tel. 0412 2 24 10 15 | €*

RUND UM DIYARBAKIR

■1 MARDIN
94 km südl. von Diyarbakır / 1¼ Std. (Auto)
Mardin ist die arabische Perle der Türkei. Rund 40 km von der syrischen

SÜDOSTANATOLIEN

Grenze entfernt, liegt die Stadt (700 000 Ew.) auf einem Hügel, von dem aus du einen weiten Blick über die syrische Tiefebene hast. Die einmalige terrassenförmige Anlage der Altstadt zeichnet sich immer noch durch ein Ensemble zweistöckiger, reich verzierter traditioneller Steinhäuser aus hellem Kalkstein aus. Die Altstadt ist in den letzten Jahren aufwendig restauriert worden. Das traditionelle Kunsthandwerk in den Gassen ist sehenswert. Über der Stadt schwebt eine Burganlage, auf halber Höhe finden sich die alten Moscheen, von denen die *Ulu Camii* die größte und sehenswerteste ist. Besonders im Sonnenuntergang ist Mardin ein Fest für die Sinne, wenn der Kalkstein der Häuser im Abendrot glüht. Der berühmteste Sohn der Stadt ist der zeitgenössische türkische Autor Murathan Mungan, dessen Werke z. T. auch ins Deutsche übersetzt wurden (z. B. die Novelle „Tschador"). *P6*

Reich verziert: Haus in Mardin

2 TUR ABDIN

154 km südöstl. von Diyarbakır / 2¼ Std. (Auto)

Biblische Orte: Das Gebiet um Mardin und das weiter östlich gelegene *Midyat* ist die Heimat der syrisch-orthodoxen Minderheit, die heute um ihre Existenz kämpft. In manchen Dörfern an der Grenze zu Syrien überragen noch Kirchtürme die niedrigen Häuser. Nur noch ca. 2000 westsyrische Christen leben in Tur Abdin (Berg der Diener Gottes). Die meisten sind aus politischen und wirtschaftlichen Gründen geflohen. Das *Deyrulzafarân (von Mardin mit dem Taxi, 5 km)* aus dem Jahr 493 n. Chr. ist eines von zwei bewohnten syrisch-orthodoxen Klöstern. Hier leben nur noch ein paar Mönche. Das größere und bekanntere Kloster ist *Mor Gabriel,* 23 km hinter Midyat auf dem Weg nach Cizre. *P6*

ŞANLIURFA

(*N7*) **Das antike Edessa, heute 50 km von der syrischen Grenze entfernt, ist mit 3500 Jahren eine der ältesten Siedlungen der Welt.**

★ Şanlıurfa (oder auch Urfa – das Präfix şanlı, „ruhmvoll", kam erst in den 1980er-Jahren dazu) lebte lange vom Grenzhandel und auch vom Schmuggel zwischen der Türkei, Syrien und Irak. Doch die politischen Umstände,

ŞANLIURFA

vor allem der Krieg in Syrien, setzten dem ein Ende. Ein Staudammprojekt zieht die Menschen wieder hierher; die Einwohnerzahl (1,8 Mio.) steigt – und damit auch das Wohlstandsniveau. Kernstück des gigantischen Bewässerungsprojekts ist der *Atatürk-Staudamm* 60 km nördlich. Hier wird auch geschwommen und gesegelt, was die Region mit modernen Sportvergnügen bekannt machte. Dennoch: Nirgendwo fühlt man sich so sehr im Orient wie in der Altstadt mit ihrem authentischen ⚑ *Basar*. Das liegt auch an der bedeutenden arabischen Minderheit. Eine besondere Sehenswürdigkeit ist der Fischteich *Balıklı Göl* im Zentrum.

SIGHTSEEING

ABRAHAMSGROTTE 👁

Die Muslime glauben, dass Stammvater Abraham (türkisch: İbrahim) in Urfa, in der Abrahamsgrotte im Süden der Stadt, geboren sei. Hier steht deshalb ein halbes Dutzend Moscheen. Die schönste ist die *Halil ur-Rahman*, die ursprünglich im 13. Jh. über einer byzantinischen Kirche angelegt wurde und heute eindeutig arabische Einflüsse aufweist.

Steinkopf auf dem Nemrut Dağı

ŞANLIURFA ARKEOLOJİ MÜZESİ (ARCHÄOLOGISCHES MUSEUM)

Das Museum gehört zu den interessantesten der Türkei. Hier kannst du nachvollziehen, warum das Gebiet um Urfa eine so große geschichtliche Bedeutung für die Menschheit hat. Viele Ausstellungsstücke dokumentieren, wie und wo Menschen erstmals sesshaft wurden und Tempel bauten. Das Museum umfasst auch eine reiche Sammlung von Mosaiken. *Tgl. 1. April–Mitte Nov. 8–19, Mitte Nov.–Ende März 8–17 Uhr | Eintritt 2,50 Euro | Haleplibahçe Mah. 2372 Sok. 74/1 | Tel. 0414 3 13 15 88 | muze.gov.tr | ⏱ 1½ Std.*

ESSEN & TRINKEN

CEVAHIR HAN RESTAURANT

Im Innenhof eines sehr schönen Altstadthauses werden hier zu den Klängen und Tänzen traditioneller Musikgruppen Urfa-Kebap und andere Spezialitäten der Region serviert. *Tgl.*

SÜDOSTANATOLIEN

11–23 Uhr | Vali Fuad Cad. 5 (gegenüber der Salahaddin-Eyyubi-Moschee) | Tel. 0414 2 15 93 77 | cevahirhan.com | €€

CIĞER
Der Wirt war einst Mittelgewichtsringer; jetzt serviert er die Spezialität des Hauses: Lammleber (*ciğer*) am Spieß. Als Dessert ein Erlebnis: das warme Blätterteiggebäck *kadayif*. *Tgl. 8.30–22 Uhr | Cumhuriyet Cad. 14a | Tel. 0414 3 15 06 52 | €*

RUND UM ŞANLIURFA

3 HARRAN
49 km südöstl. von Şanlıurfa / 45 Min. (Auto)

Im Dorf Harran stehen seit Jahrtausenden bienenstockförmige Häuser aus gepresstem Lehm – unglaublich schön bei Sonnenuntergang zu fotografieren. Mittendrin befinden sich Reste einer Burganlage aus dem 12. Jh. Die früheste Besiedlung Harrans datiert aber aus dem 3. Jahrtausend v. Chr. Der Bibel zufolge lebte Abraham hier einige Jahre, bevor er ins Gelobte Land Kanaan weiterzog. Die *Touristeninformation (Belediye | Tel. 0414 4 41 20 75)* ist im Rathaus untergebracht. ⌂ N7

4 GÖBEKLI TEPE (GÖBEKLI-HÜGEL) ★
20 km. nordöstl. von Şanlıurfa / 30 Min. (Auto)

Auf dem *Göbekli-Hügel* wurden vom Deutschen Archäologischen Institut und von der Universität von Urfa eine der ältesten Tempelanlagen der Menschheit ausgegraben. Die imposanten Tempelstelen sind bis zu 11 000 Jahre alt und gehören seit 2018 zum Unesco-Weltkulturerbe. Die Tempelkreise sind überdacht und für Besucher gut zugänglich. Noch immer rätselt man über den Zweck der Stelen – ein mystischer Platz! *Dağeteği Mahallesi | Stadtbus Nr. 100 von Haltestelle Abide (Denkmal), Abfahrt 10 und 16 Uhr hin, um 12 und 18 Uhr zurück. Ticket ca. 75 Cent, sonst Taxi oder Mietwagen | Tgl. 8–19 Uhr (15.Nov.–1.April bis 17 Uhr) | Eintritt ca. 6 Euro* | ⌂ N7

5 NEMRUT DAĞI (BERG NEMRUT) ★
172 km nördl. von Şanlıurfa / 2 Std. (Auto)

Nördlich von Şanlıurfa sind die wundersamen, mannshohen Götterstatuen auf dem Gipfel des 2100 m hohen Berges Nemrut zu sehen. Die übergroßen Köpfe und Statuen markieren eine Kultstätte, die einst errichtet wurde von König Antiochus I., dem Herrscher von Kommagene, einem Kleinstaat 69–34 v. Chr. Sie stehen sich auf der westlichen und der östlichen Terrasse gegenüber. So kannst du wählen, in welchem Licht du sie bestaunen möchtest. ==Wenn es der Sonnenaufgang sein soll, musst du im Sommer zeitig um 3 Uhr morgens aufbrechen.== Vom Eingang des Nationalparks *Nemrut Dağı Milli Parkı (Tgl. 5–0 Uhr | Eintritt ca. 4 Euro | Kahta-Adıyaman)* fährt ein Shuttle

> **INSIDER-TIPP**
> **Früh aufstehen lohnt sich**

(1 Euro) regelmäßig hoch, von da aus musst du ca. 5 Min. laufen. Im Ort *Kahta* erhältst du weitere Auskünfte: *Turizm Danışma (Mustafa Kemal Cad. 52 | Tel. 0416 7 25 50 07).* ⌘ N6

VAN

(⌘ R5) **Die Provinzhauptstadt Van (500 000 Ew.) liegt am Ostufer des Van-Sees.**
Der größte Binnensee der Türkei ist siebenmal so groß wie der Bodensee – 120 km lang, 80 km breit und 457 m tief. Er hat einen hohen Salzgehalt und eignet sich nur bedingt zum Baden. Eingerahmt von den Gipfeln der vulkanischen Gebirge ist er dennoch ein lohnendes Ziel. Du kannst hier spazieren gehen, essen und Boot fahren.
Die Urartäer (aus ihnen leitet sich das hebräische Wort „Ararat" ab) machten den Ort 900 v. Chr. zur Hauptstadt ihres Reichs. Nachdem das Urartäische Reich 300 Jahre später zerfallen war, hinterließen Perser, Römer und Armenier hier ihre Spuren.
Im Ersten Weltkrieg wurde die Altstadt fast völlig zerstört – von 3000 Jahren Siedlungsgeschichte ist so gut wie nichts mehr übrig.

SIGHTSEEING

VAN KALESI (ZITADELLE)
Auf dem Felsen im Westen der Stadt befinden sich Burgreste verschiedener Epochen, von den Urartäern bis zu den Osmanen. Bemerkenswert sind Schrifttafeln in den Mauersteinen, die belegen, dass sich an dieser Stelle die Festung der urartäischen Siedlung Tuschba befand (9. Jh. v. Chr.). *Tgl. 8–18 (winters bis 16) Uhr | Eintritt 1,50 Euro |* ⏱ *2 Std.*

ESSEN & TRINKEN

BAK HELE BAK
Van ist berühmt für seine Frühstückslokale. Im Bak Hele Bak startest du an ==einem reich gedeckten Tisch mit kleinen Tellern voller Köstlichkeiten aus der Region== perfekt in den Tag. **INSIDER-TIPP: Ein Dutzend toller Leckereien**
Tgl. 7–17 Uhr | Iskele Caddesi | Mobil: 0533 7 22 30 52 | bakhelebak.com | €

RUND UM VAN

6 AHTAMAR KILISESI (HEILIGKREUZKIRCHE AHTAMAR) ★
44 km südwestl. von Van / 45 Min. mit Auto bis Ahtamar Pier, anschließend Fähre
Das Wahrzeichen des Van-Sees ist die über 1000 Jahre alte armenische Heiligkreuzkirche (Bauzeit der ältesten Teile 915–921), die unvergleichlich auf der Insel im See emporragt. Bis 1464 war hier der Sitz des Katholikos, des geistlichen Oberhaupts der Armenier. Die Kirche, die auch wegen ihres einzigartigen, ornamentalen Reliefschmucks mit alttestamentarischen Szenen an den Außenwänden be-

SÜDOSTANATOLIEN

Letztes „türkisches Schloss": der Palast des İshak Paşa in Doğubeyazit

rühmt ist, wurde von der türkischen Regierung restauriert und 2007 als Zeichen der Versöhnung mit den Armeniern als Museum wiedereröffnet. *Mi-Mo 9-17 (Okt.-Mai bis 15) Uhr | Minibusverkehr zu der 45 km von Van entfernten Anlegestelle (hinter dem Ort Gevaş), von der aus Boote zur Insel übersetzen (p.P. 1 Euro) | R5*

7 ALBAYRAK KILISESI (BARTHOLOMÄUSKIRCHE)
115 km südöstl. von Van / 1¾ Std. (Auto)

Die mächtige Ruine der Kirche thront auf einem Hügel, der das Tal des Flusses Zap überblickt. Nach Architektur und Ornamentik wird sie auf das 13. Jh. datiert. Nach umfassenden Restaurierungen ähnelt sie heute fast einer mittelalterlichen britischen Kathedrale. Da unter ihr das Grab des Hl. Bartholomäus vermutet wird, ist die Kirche zur Wallfahrtsstätte geworden. *Tgl. 9-16 Uhr | Eintritt frei | beim Dorf Albayrak in Başkale | Minibusse vom Busbahnhof (Otogar) in Van | S5*

8 DOĞUBEYAZIT
174 km nordöstl. von Van / 2¼ Std. (Auto)

Nördlich von Van wartet die Kleinstadt mit zwei spektakulären Sehenswürdigkeiten auf: erstens mit dem Berg *Ararat (Ağrı Dağ)*, dessen schneebedeckte Spitze mit einer Höhe von 5165 m bei gutem Wetter weithin sichtbar ist. Der

KARS

Schlittenglück auf dem zugefrorenen Çıldır-See in Kars

(▯ Q3) **Zwei Dinge machen die Stadt Kars ganz im Nordosten der Türkei an der Grenze zum Kaukasus bekannt: Erstens ist sie Schauplatz des Romans „Schnee" von Nobelpreisträger Orhan Pamuk, zweitens hat sie ein ganz anderes, nämlich russisches Antlitz.**

Kars war um die Jahrhundertwende lange vom Zarenreich besetzt und ist deshalb geprägt von einer herrlichen, russischen Architektur. Die christliche Vergangenheit macht sich bis heute bemerkbar. Die Stadt ist liberaler als die meisten anderen Städte im Osten. Seit einigen Jahren wird Kars auch viel besucht als Endhaltepunkt des berühmten *Eastern Express (Doğu Ekspresi)*, einer sehr populären touristischen Bahnfahrt, die in Ankara startet. Rund um Kars sind viele Skigebiete entstanden, weshalb die Stadt sich auch zu einer Winterdestination entwickelt hat.

SIGHTSEEING

ALTSTADT

Entlang der Straßen Faikpascha und Cumhuriyet südöstlich der Burg erstreckt sich die Altstadt von Kars: Baumbestandene Alleen mit schönen, alten Steinhäusern, Kirchen und amtlichen Gebäuden. Kars ist die türkische Stadt mit den meisten Statuen im öffentlichen Raum. Ein Bummel hier vermittelt ein kleines St. Petersburg-Feeling, vor allem im Winter, wenn überall Schnee liegt.

Gipfel scheint tatsächlich so hoch zu sein, dass keine (Sint-)Flut ihn erreichen könnte. Um den Ararat besteigen zu dürfen, benötigst du eine Genehmigung.

6 km außerhalb thront in 270 m Höhe die zweite Attraktion: ⚐ ★ *İshak Paşa Sarayı (Ishak-Pascha-Palast) (Erreichbar mit Dolmuş oder Taxi | tgl. 9–19, winters bis 16 Uhr | Doğubeyazıt | Eintritt 1,50 Euro)*, ein märchenhaftes Schloss mit sagenhaften 366 Zimmern, Hamam, Harem und Lustgärten, das sich ein lokaler Fürst Ende des 18. Jhs. mit Blick über die Ebene errichten ließ. In den angeblich 99 Jahren Bauzeit wurde auf fast alle damals bekannten Baustile der Gegend, wie den osmanischen, seldschukischen und armenischen Stil, Bezug genommen. ▯ R4

SÜDOSTANATOLIEN

KARS KALESI (BURG)
Über Kars thront eine beeindruckende Burg, in der sich auch ein kleines *Museum* befindet. Von hier aus hast du einen grandiosen Blick auf Kars und die weitere Umgebung. Die Burg stammt aus dem 10. Jh., ist aber mehrfach restauriert und verändert worden. *Tgl. 8–18 Uhr (winters bis 16 Uhr) | Kaleiçi | Eintritt 1,50 Euro | ⏱ 1 Std.*

HAVARILER KILISESI (KATHEDRALE)
Am Fuß des Burgbergs steht die ehemalige armenische Kathedrale der Zwölf Apostel. Bis zum Ersten Weltkrieg lebten viele Armenier in Kars. Heute ist die Kirche eine Moschee, du kannst hier aber noch die Skulpturen der Apostel entdecken. *Kaleiçi*

ESSEN & TRINKEN

PUSHKIN RESTAURANT
Wie der Name Pushkin schon sagt, gibt es hier eine Synthese aus russischer und türkischer Küche, die sehr zu empfehlen ist. An manchen Abenden wird bei bester Stimmung Livemusik geboten. *Tgl. 10–0 Uhr | Atatürk Cad. 28 | Tel. 0474 2123535 | Facebook | €€*

KALE CAFÉ UND RESTAURANT
Innerhalb der Burg auf dem Burgberg liegt dieses Lokal mit empfehlenswertem Brunch und Mittagessen. Bei wunderbarem Panoramablick kannst du dich hier nach der Burgbesichtigung gut stärken. *Tgl. 8–18 Uhr | Auf dem Burgberg | Tel. 0474 2127979 | Facebook | €*

RUND UM KARS

9 ANI
47 km südöstl. von Kars / 45 Min. (Auto)

Eine märchenhafte Ruinenlandschaft, weiträumig und unwirklich: Die ehemalige armenische Königsstadt Ani ist die Hauptsehenswürdigkeit in der Umgebung. Sie wurde im 4. Jh. gegründet, aber erst um 950 zum Sitz des armenischen Königshauses erkoren und erlebte im 13. Jh. eine Blütezeit, als das armenische Königreich seine größte Ausdehnung erreichte. Heute ist die Stadt als *Freilichtmuseum (tgl. 8.30–17 Uhr | Eintritt 2,50 Euro)* zugänglich. Ani liegt direkt an der Grenze zu Armenien, vom verfeindeten Nachbarland nur getrennt durch einen kleinen Fluss. Sehenswert sind die ehemalige Kathedrale und eine teilweise restaurierte Kirche, von deren Terrasse du direkt auf die andere Seite der Grenze schaust. *R3*

10 SARIKAMIŞ
60 km westl. von Kars / 1 Std. (Auto)

Für Kenner gilt Sarıkamış als die beste Ski- und Snowboardpiste des Landes. Am Hang des fast 3000 m hohen Bergs *Suphan* liegt über 140 Tage im Jahr Schnee – ein Pulverschnee vom Feinsten. Im Winter überwiegend sonnig und nicht überlaufen, im Sommer ein guter Spot für Wanderungen. Mit Hotels und Liftanlagen. *Q3*

SCHWARZ-MEERKÜSTE

HOCHLAND FÜR ENTDECKER

Vom Meer her weht eine erfrischende Brise, im Gebirge herrscht häufig Nebel – das ist ein Klima, in dem Haselnüsse, Tabak und Tee prächtig gedeihen.

Die einzigartige Landschaft reicht von der dunkelblauen See über dicht bewaldete Berghänge bis zu Hochgebirgsalmen in 3000 m Höhe. An den pontischen Gebirgsausläufern bestimmen Urwälder, Rhododendren und Wasserfälle das Bild. In den Höhenlagen kommt der vulkanische Ursprung zum Vorschein: Zwischen den Gletschern

Teeernte an der Schwarzmeerküste

wanderst du auf Lavaschotter. Mittelmeermüde İstanbuler ziehen hier mit Rucksäcken die Berge hinauf zu Almhütten oder suchen in byzantinischen Kirchen und georgischen Klöstern nach Spuren einer jahrtausendealten Vergangenheit.

Die ganze Region ist noch ein weitgehend unentdecktes Paradies, in das sich bislang nur wenige ausländische Besucher vorgewagt haben. Die westliche Schwarzmeerküste ist wegen ihrer Buchten und Sandstrände dagegen ein beliebtes Wochenendziel.

SCHWARZMEERKÜSTE

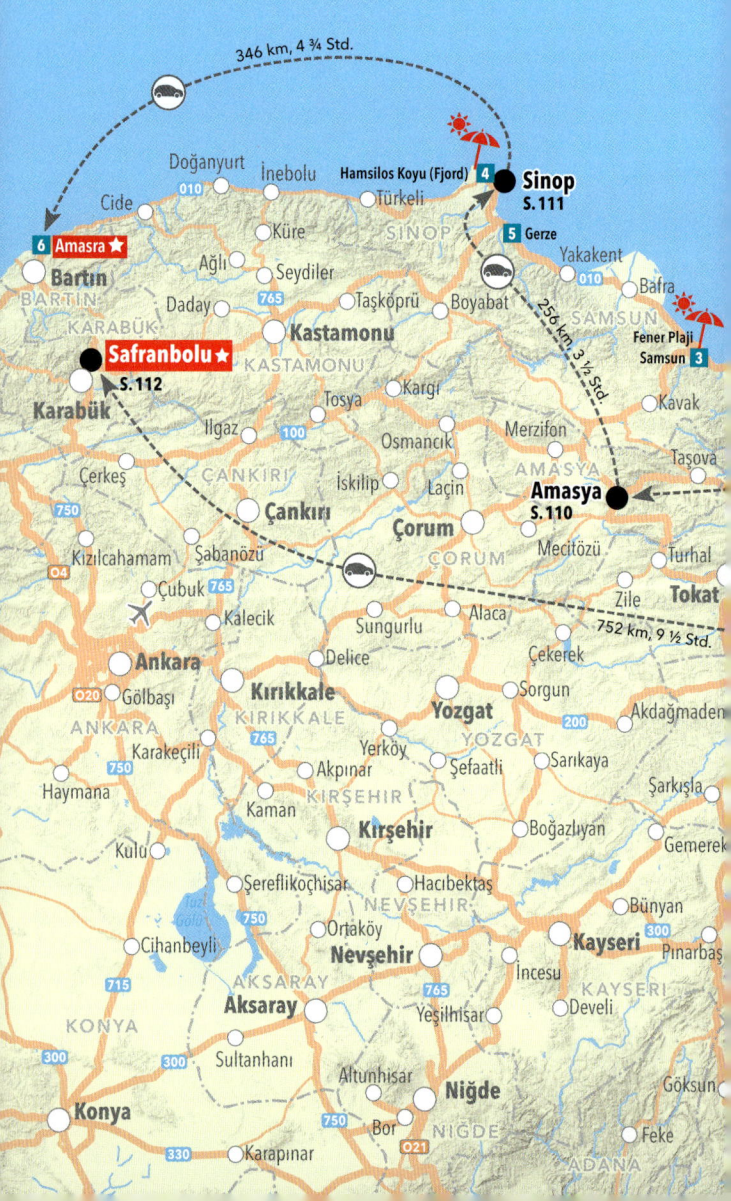

MARCO POLO HIGHLIGHTS

★ **SUMELA-KLOSTER**
Berühmtes Felsenkloster, monumental in eine Felswand hineingebaut ➤ S. 109

★ **AYDER-PLATEAU**
Hochfläche im Wanderparadies des grandiosen Kaçkar-Gebirges ➤ S. 109

★ **SAFRANBOLU**
Schauen und kaufen: Fachwerkarchitektur und beste Souvenirs aus den Handwerkerzünften ➤ S. 112

★ **AMASRA**
Steilküste und herrliche Badebuchten ➤ S. 113

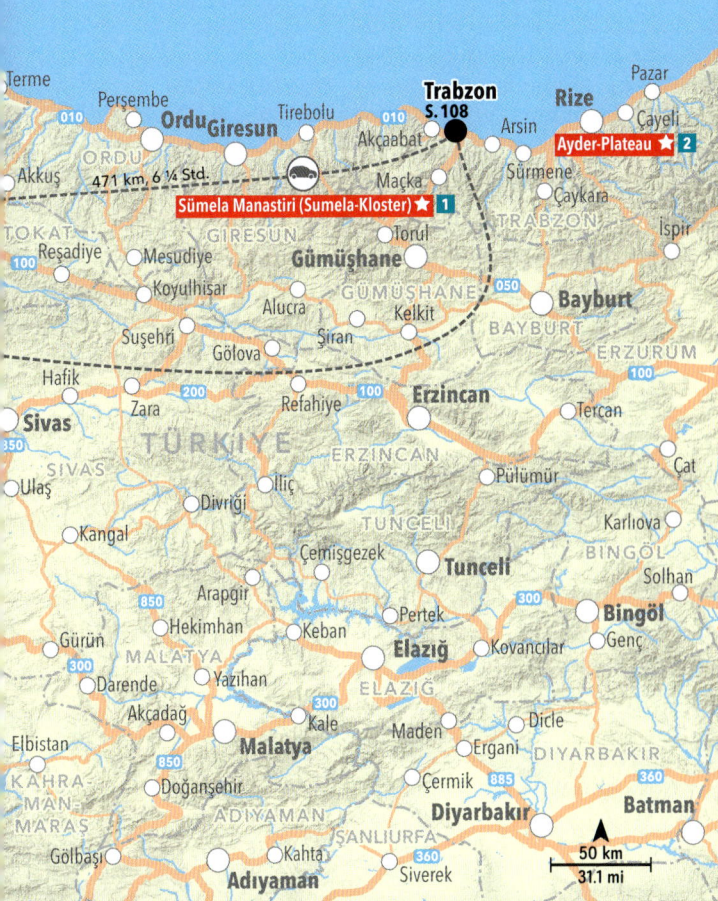

TRABZON

(*N2*) **Auf einem Hügel mit Blick auf die weite See liegt die interessanteste Stadt (807 000 Ew.) der Region, das alte Trapezunt. Du kannst hier ein herrlich grünes Hinterland und byzantinische Sehenswürdigkeiten entdecken.**

Bis zur Einnahme durch die Osmanen (1461) war Trabzon Hauptstadt des spätbyzantinischen Komnenenreichs. Die berühmteste Kirche vor Ort, die Hagia Sophia (13. Jh.), war lange Museum und wurde 2013 wieder in eine Moschee umgewandelt. Die *Trabzoner Zitadelle (Trabzon Kalesi)* ruht auf einem byzantinischen Fundament, wurde aber später von den Osmanen ausgebaut. Der Hafen ist ein Umschlagplatz für Haselnüsse, Holz und den in der Gegend angebauten Tee. Trabzon ist eine konservative Stadt, in der du auf deine Kleidung achten solltest.

WOHIN ZUERST?

Atatürk-Platz: Die Stadt erstreckt sich hinter dem Industriehafen über eine teilweise steile, hügelige Landschaft in den Südwesten. Der Platz ist der Ausgangspunkt für die Erkundung der Altstadt. Unweit davon liegen Moscheen, alte Kirchen und das Stadtmuseum. Leider trennt eine breite Autostraße das Meer von der Siedlung. Zum Atatürk Alan mit seinen hübschen Teegärten kommst du zu Fuß oder per Bus oder Taxi. Der Flughafen liegt etwas weit draußen, im Osten.

SIGHTSEEING

AYASOFYA (HAGIA SOPHIA)

Die Schwester der İstanbuler Kirche (1238–63) wurde von Manuel I. erbaut und ist ein wichtiges Beispiel spätbyzantinischer Baukunst. Das Innere zieren Wand- und Deckenmalereien mit Motiven der Schöpfungsgeschichte. Die Marinemalerei an der Außenseite der Apsis sollte den Seeleuten Glück bringen. *Zübeyde Hanım Cad.* | ⏱ *1 Std.*

TRABZON MÜZESİ (TRABZON-MUSEUM)

Das Äußere ist noch interessanter als die Exponate: Der griechische Bankier Kostaki Theophylaktos baute sich das mittlerweile sorgfältig restaurierte Gebäude als Wohnhaus (1898–1913). Nachdem er 1917 pleiteging, wurde es versteigert. Das ursprüngliche, italienische Mobiliar ist erhalten. Im Erdgeschoss findest du eine Sammlung archäologischer Funde, oben eine Volkskunde-Abteilung. *Tgl. 9–19 Uhr | Zeytinlik Cad. 10* | ⏱ *45 Min.*

ESSEN & TRINKEN

CEMILUSTA

Leckere lokale Küche im Zentrum, die nicht teuer ist: Gefüllter Schwarzkohl *(kara lahana dolması)* und eine Art Gemüse-Omelett *(kaygana)* sind die Spezialitäten neben Kebap und Co. Auch Frühstück. *Tgl.*

INSIDER-TIPP
Authentische Köstlichkeiten

SCHWARZMEERKÜSTE

Wie aus einem Märchen entsprungen: die Hafenstadt Trabzon

8–23.30 Uhr | İskenderpasa Mah. | Atatürk Alani 6 (am Atatürk-Platz) | Tel. 0462 3216161 | €€

KARPI PIDE
Ein Tageslokal im Zentrum von Trabzon, in dem das bekannteste lokale Gericht, Pide hervorragend zubereitet wird. Die türkische Pizza schmeckt garantiert auch den Kids. *Kunduracılar Cad. Halkevi Sok. 15 | Tel. 0462 3217933 | €*

RUND UM TRABZON

1 SÜMELA MANASTIRI (SUMELA-KLOSTER) ★
46 km südl. von Trabzon / 45 Min. (Auto)
Im pontischen Gebirge triffst du auf zahlreiche Kirchen und Klöster. Das berühmteste und besterhaltene ist das vom türkischen Kulturministerium aufwendig restaurierte Felsenkloster Sumela in 270 m Höhe im *Naturpark Altındere*. Die in eine Bergwand gebaute Anlage erreichst du von einem Parkplatz aus über 100 Stufen – ein Lift ist im Gespräch. Die Gründung soll zurückgehen auf das 4.Jh., als der Sage nach zwei Mönche aus Athen eine vom Evangelisten Lukas gemalte heilige Ikone der Gottesmutter in der Felsenhöhle versteckten. Die letzten griechischen Mönche mussten das Kloster 1923 verlassen, als Griechenland und die Türkei einen Bevölkerungsaustausch vereinbarten. *Minibusse vom Hafen Trabzon | Tgl. 9–19 (winters 8–16) Uhr | Eintritt ca. 2 Euro |* *N3*

2 AYDER-PLATEAU ★ ⚑
187 km östl. von Trabzon / 2¾ Std. (Auto)
Toller Ausgangspunkt für eine Wanderung im grandiosen *Kaçkar-Gebirge* ist die 1350 m hoch gelegene Alm von Ayder. Ein sattes Grün, das Plätschern der Bäche und Wasserfälle sowie ural-

AMASYA

Glänzen wie neu, aber sind uralt: antike Münzen im Archäologischen Museum von Sinop

te Steinbrücken lassen dich wissen, dass du fernab der urbanen Zivilisation unterwegs bist. Viele Alme, die bekannteste ist *Camlihemsin*, und erstaunliche alte Bauwerke wie die *Zitadelle Zil* zieren das Gebirge. In Ayder kannst du auch einen Thermalurlaub machen. Touren, auch zum benachbarten *Batumi (Georgien, 22 km von der türk. Grenze)*, organisiert die Agentur *Zagnos (Cumhuriyet Cad. 25A | GSM 0532 06 93 30 05 | zagnostur.com).* ▫ *P2*

AMASYA

(▫ K3) **Amasya (150 000 Ew.) wartet mit gut erhaltenen osmanischen Fachwerkhäusern auf, die entlang des Yeşilırmak („Grüner Fluss") fast übers Ufer ragen.**

Dazu kommen seldschukische Bauten, Moscheen und Mausoleen sowie eine römische Festung. Die Stadt ist eine interessante Mischung aus Alt und Neu und bietet viele schöne Ecken. Amasya war Hauptstadt des griechischen Pontischen Reiches (ca. 300–70 v. Chr.). Längst geplündert, geben die in den Felsen am Fluss gehauenen Gräber pontischer Könige eine Ahnung von dem Reichtum und der Kultur der Pontusgriechen, die teils nach Griechenland ausgewandert, teils islamisiert worden sind. Im Mittelalter regierten die Mongolen und bescherten der Stadt wirtschaftlichen Aufschwung. Heute leben die Menschen vor allem von der Landwirtschaft.

SIGHTSEEING

SULTAN BEYAZIT KÜLLIYESI (MOSCHEENKOMPLEX)

Die Anlage stammt aus dem 15. Jh. Neben der Moschee befinden sich Mausoleen, Brunnen und eine Medrese, die Aufbewahrungsort für etwa 20 000 Bücher ist. *Ziya Paşa Bulvarı |* ◔ *45 Min.*

SCHWARZMEERKÜSTE

ESSEN & TRINKEN

BEDESTEN
Hier ist traditionelle osmanische Küche angesagt. In einem schönen, historischen Gebäude bekommst du Kebaps und andere Speisen. *Tgl. 15–0 Uhr | Taşhan Sok. (bei der Pascha-Moschee) | Tel. 0358 5 05 01 05 | €€*

AMASYA ANADOLU MANTI EVI
Hier kannst du *Mantı*, gefüllte Teigtaschen, in diversen Variationen probieren. Es gibt sie auch mit vegetarischer Füllung. Das Lokal liegt direkt am Fluss und hat eine Außenterrasse. *Tgl. 10–22 Uhr | Hatuniye Mah. Hazeranlar Sok. 57 | Tel. 0358 2 12 30 30 | €*

RUND UM AMASYA

3 SAMSUN
125 km nördl. von Amasya / 1¾ Std. (Auto)

Immer am Fluss Yeşilırmak entlang kommst du nach Samsun (1,3 Mio. Ew.), zur legendären Stadt der Amazonen, die einst am Fluss Thermodon (heute Terme) gelebt haben sollen. Eine historische Burg, viele Grünanlagen und der schöne Sandstrand *Fener Plaji* im Westen mit Übernachtungsmöglichkeiten erwarten dich hier. Samsun ist im Gegensatz zum gemütlichen Amasya eine quirlige Millionenstadt mit dem größten Hafen an der türkischen Schwarzmeerküste. Als Zentrum eines großen Tabakanbaugebietes kamen früher alle einheimischen Zigaretten von hier. *K2*

SINOP

(J1) **Malerisch auf einer Halbinsel gelegen und von einer imposanten alten Burg mit der dazugehörigen Stadtmauer bewacht, hat Sinop den schönsten natürlichen Hafen am Schwarzen Meer und wunderbare, nah gelegene Badebuchten.**

Im 7. Jh. von Kolonisten aus Milet gegründet, spielte die Stadt bereits unter den Byzantinern eine wichtige Rolle als Hafen. Berühmt ist sie als Geburtsort des Diogenes („Diogenes in der Tonne", 413 v. Chr.). Obwohl die Stadt (65 000 Ew.) und ihre Umgebung eigentlich alle Voraussetzungen für einen angenehmen Urlaub bieten, füllen bis heute fast nur einheimische Besucher im Sommer die Cafés und Strände. Die Pläne der Regierung, in der Nähe ein Atomkraftwerk zu bauen, bringen die Bevölkerung auf die Barrikaden. *Es gibt neben Flügen eine Fähre von İstanbul hierher (Mo 14 Uhr), die am Donnerstag zurückfährt (12.30 Uhr ab Sinop | Kontakt in İstanbul: Tel. 0212 2 44 02 07).*

SIGHTSEEING

ARCHÄOLOGISCHES MUSEUM
In dem schönen Museumsbau sind interessante Zeugnisse aus der Früh-

RUND UM SINOP

geschichte der Zivilisation (u. a. Amphoren, Münzen) zu sehen. Im Meer vor Sinop vermuten Archäologen das Land, das einst durch die biblische Sintflut überschwemmt wurde. *Di–So 8.30–17.30 Uhr | Eintritt ca. 1,50 Euro | Okullar Cad. 2 | sinopmuzesi.gov.tr | 2 Std.*

ESSEN & TRINKEN

OKYANUS BALIK EVI
Eines der besten Restaurants vor Ort. Es gibt hier neben Fisch und Fleisch auch leckere vegetarische Gerichte. *Tgl. 10.45–22.45 Uhr | Camiikebir | Kurtuluş Cad. 15 | Tel. 0368 2613950 | okyanusbalikevi.com | €*

SARAY RESTORAN
Das Saray am Hafen hat einen der schönsten Ausblicke und guten Schwarzmeerfisch. *Tgl. 12–24 Uhr | İskele Cad. | Rıhtım Sok. 18 | Liman | Tel. 0368 261 17 29 | €*

RUND UM SINOP

4 HAMSILOS KOYU (FJORD)
14 km nordwestl. von Sinop / 30 Min. (Auto)

Ein weit ins Land reichender Fjord, der durch seine Tiefe und die grünen Berge ringsum an Norwegen erinnert. An der ca. 400 m langen Bucht liegt ein Picknickgelände der Forstverwaltung *(Orman Yeri)*, wo du gegen eine geringe Gebühr einen wunderbaren Rastplatz findest. Vor der Einfahrt zum Fjord liegt ein kilometerlanger Strand. *J1*

5 GERZE
39 km südl. von Sinop / 30 Min. (Auto)

Gerze solltest du allein schon wegen der spektakulären Uferstraße besuchen. Sie führt führt z. T. in steilen Serpentinen durch den Wald und gibt immer wieder den Blick aufs Schwarze Meer frei. In den umliegenden Buchten kannst du wunderbar baden. Autoverleih und Schiffstickets bei: *Sinope Tours (Kıbrıs Cadddesi 3 A | Tel. 0368 2617900 | sinopetours.com)* *J2*

SAFRANBOLU

(G2) **Alte Straßen mit Kopfsteinpflaster und Fachwerkhäuser mit Wasserbassins in den Wohnzimmern machen die Kleinstadt ★ Safranbolu (43 000 Ew.) zum Erlebnis.**
Safranbolu liegt nördlich von Ankara in einem tiefen Tal zwischen bewaldeten Bergen. Der Verkauf von Safran begründete den Wohlstand des Ortes, der heute zum Unesco-Weltkulturerbe gehört. Die teilweise sehr großen Fachwerkhäuser stehen unter Denkmalschutz und werden nach und nach restauriert. Ihre Besonderheit sind zimmergroße Wasserbecken, die wie kleine Swimmingpools wirken und einst für Löschwasser gebaut wurden. Eine Neubausiedlung am Stadtrand dient den Bewohnern als moderne

SCHWARZMEERKÜSTE

Lebensstätte, während sie in der Altstadt ihrem Gewerbe nachgehen. Wer sich ein Auto mietet, kann in die benachbarten Wälder fahren. Es gibt hier unberührte Natur mit Cañons und schönen kleinen Flüssen.

ESSEN & TRINKEN

BONCUK ARASTA CAFÉ
Das schönes Kaffeehaus in einem Gebäude aus dem 17. Jh. ist im Basarviertel hinter der Hauptmoschee zu finden. Im Sommer sitzt du im Freien unter Bäumen. Im Winter brennt im großen Raum ein Ofen und es gibt ein Büfett mit regionalen Gerichten. Hier bekommst du wunderbare Früchteteesorten *(meyve çayı)* in Tonkrügen, aber auch Cappuccino oder Filterkaffee. *Arasta | Yemeniciler Sok. 48 | Tel. 0370 7 12 20 65 | €*

SAFRAN KONAK
Großes Lokal mit Sommergarten, am Wochenende Livemusik. *Bağlar Köyiçi Meydanı | Tel. 0370 7 12 10 19 | safran konak.com.tr | €*

SHOPPEN

BASAR
Im Stadtkern liegt das verwinkelte Reich der Kupferschmiede, Sattler und Gewürzhändler. Typisch für die Region sind handbestickte Decken und Tücher.

SIDER-TIPP: Safran macht den Kuchen ...
Hier kannst du echten - und preiswerten - Safran erwerben. Es gibt ihn als Gewürz und als aromatische Duftnote in Ölen und Parfüms.

Schuhmacher auf dem Basar von Safranbolu

RUND UM SAFRANBOLU

6 AMASRA ⭐
92 km von Safranbolu / 1½ Std. (Auto)

Eine Autostunde von Safranbolu entfernt, windet sich eine steile Uferstraße hinunter in das Hafenstädtchen Amasra (15 000 Ew.). Gelegen auf zwei felsigen Landzungen, eingerahmt von einer imposanten Felsküste, gehört das antike Sesamos zu den Schmuckstücken der Schwarzmeerküste. Direkt am Strand liegen diverse Hotels. Ein hervorragendes Fischrestaurant am Meer ist das *Canlı Balık (Büyük Liman Cad. 8 | Tel. 0378 3 15 26 06 | €)*. G2

ERLEBNIS TOUREN

Lust, die Besonderheiten der Region zu entdecken? Dann sind die Erlebnistouren genau das Richtige für dich! Ganz einfach wird es mit der MARCO POLO Touren-App: Die Tour über den QR-Code aufs Smartphone laden – und auch offline die perfekte Orientierung haben.

❶ AUF DEN SPUREN DER STEINE

- ➤ Windumtoste Ägäis
- ➤ Bummle durch die Hauptstadt
- ➤ Römische Bäder in Ephesos

📍	İzmir	🏁	İzmir
⟲	2550 km	🚗	10 Tage, 45 Std. reine Fahrzeit
ℹ️	Kosten: ca. 400 Euro für Benzin, ca. 350 Euro/Person für Unterkunft, ca. 300 Euro/Person für Verpflegung Mitnehmen: feste Schuhe, Badezeug		

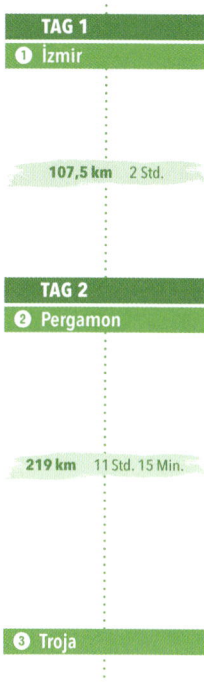

Männertreffen: Spielrunden in Şanlıurfa

STARTE IM ANTIKEN SMYRNA

Ausgangspunkt ist die Ägäismetropole ❶ **İzmir** ➤ S. 53, wo du dir bei einem Spaziergang an der Uferpromenade Kordon einen kleinen Eindruck über die großartige Lage des antiken Smyrna verschaffen kannst. Vielleicht bleibst du noch eine Nacht in der Stadt, z. B. im guten Hotel **İzmir Hilton** *(hilton.com)*, um am nächsten Morgen früh aufbrechen zu können.

TAG 1
❶ İzmir

107,5 km   2 Std.

VOR DEN TOREN TROJAS

Verlass die Stadt in Richtung Norden auf der D 550 (E 87) bis zur Abfahrt nach Bergama, dem antiken ❷ **Pergamon** ➤ S. 55. Die hellenistischen Ruinen vor der Stadt liegen weit verteilt, der Aufstieg zur Akropolis wird durch einen Sessellift erleichtert. Rechne mit mindestens einem halben Tag für die Besichtigung. Unterhalb der Akropolis befinden sich die Fundamente des weltberühmten Pergamonaltars, der heute im Pergamonmuseum in Berlin ausgestellt ist.

Von Bergama folgst du der Küstenstraße D 550 über Edremit und Ayvacık in Richtung Çanakkale. Rund 20 km vor Çanakkale biegt nach links ein ausgeschilderter Weg zu dem berühmtesten Schlachtfeld der Antike, nach ❸ **Troja** ➤ S. 51 ab. Inspiriert von Homers „Ilias" haben deut-

TAG 2
❷ Pergamon

219 km   11 Std. 15 Min.

❸ Troja

32 km	30 Min.

④ Çanakkale

272,5 km	3 Std. 30 Min.

TAG 3–5
⑤ Bursa

394 km	5 Std. 30 Min.

⑥ Ankara

205 km	3 Std. 30 Min.

sche Archäologen hier mehr als hundert Jahre lang nach den Spuren von Hektor, Achilles und Helena gegraben. Vor den Toren der antiken Stätte zeigt das spektakuläre Troja-Museum die Jahrtausende alte Geschichte Trojas. Setz nach der Besichtigung den Weg nach ④ Çanakkale ➤ S. 50 fort und versäum nicht, dir dort das Archäologische Museum anzuschauen. Von dem langen Tag ruhst du dich im Hotel Büyük Truva (truvaotel.com) aus.

DEN BESTEN DÖNER DER HAUPTSTADT KOSTEN
Von Çanakkale geht es über die D 200 weiter nach ⑤ *Bursa* ➤ *S. 48. Die erste Hauptstadt des Osmanenreichs liegt in einer fruchtbaren Flussebene, überragt vom Berg* Uludağ *(2543 m). Bleib eine Nacht im Thermalhotel* Çelik Palas Thermal Spa *(bluebayresorts. com) und besichtige den* Grünen Komplex, *die wichtigste Nekropole der osmanischen Sultane.*

Am nächsten Tag führt dich die Route in östlicher Richtung auf der D 200 über Eskişehir nach ⑥ *Ankara* ➤ *S. 84. Plan hier zwei Nächte im Hotel* Divan Çukurhan *(divan.com.tr) ein. Der beste Kebap der Hauptstadt bekommst du im ausgezeichneten* Suda Kebap Restaurant *(Gaziosmanpaşa | Filistin Cad. 38 | Tel. 0312*

ERLEBNISTOUREN

4 46 30 40 | sudakebap.com.tr | €€).
Nutz den Aufenthalt in der modernen Hauptstadt für einen Einkauf und einen Besuch des Museums für Anatolische Zivilisationen. Die weltberühmte Sammlung stimmt dich schon auf den nächsten Tag ein.

TEMPEL, TORE, HOCHKULTUREN

Auf der E 88 in Richtung Osten fährst du bis zum Abzweig Delice, von dort aus auf der D 190 nach Sungurlu, wo dir kurze Zeit später ein Schild den Weg nach ❼ Boğazkale weist. Hier sind die Tempel und die Tore der berühmten hethitischen Hauptstadt Hattuscha ➤ S. 86 zu bewundern. Gemeinsam mit dem nahen Felsheiligtum Yazılıkaya bildet die Stätte ein einzigartiges Freilichtmuseum der ersten anatolischen Hochkulturen. *Von dort geht es weiter über die Orte Yozgat, Yerköy und Kırşehir nach ❽ Aksaray, wo du auf die D 300 stößt* und einen Übernachtungsstopp einlegen solltest. Im modernen Sporthotel Grand Altuntas Hotel *(grandaltuntas.com)* bist du für den Abend und die Nacht gut aufgehoben.

KARAWANSEREIEN, EIN APOSTEL UND EIN SEGELTÖRN

Am nächsten Tag sind es gut 50 km bis nach ❾ Sultanhanı, wo du die Sultanhanı Kervansaray, die schönste aller erhaltenen seldschukischen Karawansereien, besichtigen kannst. *Danach passierst du Konya und erreichst über die D 330 den Beyşehir-See. Einige Kilometer weiter auf der D 695 liegt ❿ Yalvaç.* Bei Yalvaç befindet sich die größte römische Siedlung Inneranatoliens, Antiochia in Pisidien, in der 50 n. Chr. Paulus einen seiner ersten Missionsauftritte hatte. *Von Yalvac aus geht es über die D 330 nach ⓫ Eğirdir,* wo du am gleichnamigen See in der Pension Fulya *(fulyapension.com)* übernachtest. Frag in der Pension nach Kajaks oder Segelbooten, die beide am See zu mieten sind.

Klassisches Altertum: Ruinen von Ephesos

| TAG 6 |
| ❼ Boğazkale |
| 267 km · 4 Std. |
| ❽ Aksaray |
| 54,5 km · 1 Std. |
| TAG 7 |
| ❾ Sultanhanı |
| 284 km · 5 Std. |
| ❿ Yalvaç |
| 75 km · 1 Std. 45 Min. |
| ⓫ Eğirdir |
| 428,5 km · 6 Std. 15 Min. |

TAG 8

⓬ Didim

106 km 1 Std. 45 Min.

EIN GRIECHISCHES HEILIGTUM BEWUNDERN

Von Eğirdir machst du einen großen Sprung zu den Griechen nach Westen. *Der Weg führt über Isparta, Denizli und Aydin bis Söke.* Dort geht es ein kurzes Stück über die D 525 nach Süden bis zum Abzweig nach ⓬ **Didim (Didyma) ► S. 58**. Der Apollo-Tempel von Didim ist eines der größten griechischen Heiligtümer überhaupt. Es gehörte zur 20 km entfernten antiken Metropole Milet, deren berühmtes Milet-Tor im Pergamonmuseum in Berlin ausgestellt ist. Leiste dir eine Übernachtung im D-Marin Didim Marina Yacht Club *(d-marin.com)*.

ZUM ALTERSSITZ DER MUTTER JESU

TAG 9/10

⓭ Selçuk

105 km 2 Std.

❶ İzmir

Von Didim geht es über die D 525 zurück nach Söke und dann an der Küste über Kuşadası nach ⓭ **Selçuk**. Bei Selçuk liegen die weltberühmten Ruinen der antiken Ägäismetropole **Ephesos ► S. 57**, wo du nicht nur ein wunderbares Amphitheater, sondern auch die Bibliothek und ehemalige Privatvillen besichtigen kannst. Übernachte in Selçuk, dann hast du am nächsten Tag genügend Zeit, um auch noch das Marienhaus zu sehen, in dem der Überlieferung nach Maria, die Mutter Jesu, ihre letzten Jahre verbracht haben soll. *Deinen Ausgangspunkt* ❶ **İzmir** *erreichst du schließlich von Selçuk aus über die Autobahn in einer guten Stunde.*

ERLEBNISTOUREN

❷ ZWISCHEN BEACH, BASAR UND BERGGÖTTERN

- Südspitze mit Kreuzfahrerburg
- Erste Christen in Antiochia
- Der älteste Tempel der Welt

 Antalya   Kahta

 1500 km   mind. 7 Tage, 22 Std. reine Fahrzeit

ⓘ Achtung: Von Adiyaman kannst du mit einem Überlandbus nach Antalya zurückkehren. Bitte beachte vor Reisen ins türkisch-syrische Grenzgebiet die Reisewarnungen des Auswärtigen Amts *(auswaertiges-amt.de, Reise & Sicherheit)*.

FESTUNGEN AM MEER

Von ❶ Antalya ➤ *S. 66, der türkischen Mittelmeermetropole, fährst du auf der Küstenstraße D 400 gen Osten zum 133 km entfernten* ❷ Alanya ➤ *S. 71. Dort ist die weitläufige* Seldschukenfestung *einer der prachtvollsten Anblicke an der Küste. Weiter führt*

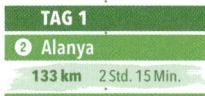

TAG 1	
❷ Alanya	
133 km	2 Std. 15 Min.
❶ Antalya	
132 km	2 Std. 15 Min.

die kurvenreiche Fahrt nach ❸ Anamur, der südlichsten Spitze der Türkei mit einem 13 km langen, feinen Badestrand und einer gut erhaltenen Kreuzfahrerfestung in spektakulärer Lage. Letzte Station des Tages ist ❹ Silifke. Die Stadt lohnt einen Besuch wegen der 20 km langen Dünenlandschaft am Delta des Göksu-Flusses und der vielen Strände in der Umgebung. Direkt am Meer übernachtest du im Hotel Marina *(Tel. 0324 7 41 44 93).*

AUF DEN SPUREN DER ERSTEN CHRISTEN
Von Silifke geht es ab Mersin über die Autobahn bis İskenderun an dem südöstlichen Industriegebiet der Türkei vorbei und dann über eine Schnellstraße weiter nach ❺ Antakya, dem antiken Antiocheia. Das Archäologische Museum beherbergt eine der weltweit größten Sammlungen römischer Mosaiken. In Antiochia gründete sich die erste christliche Gemeinde außerhalb Jerusalems. Die Spuren der Urchristen sind unübersehbar: Petrus selbst soll in einer Höhle, der Petrus-Grotte, eine der ersten Kirchen errichtet haben. Plan zwei Übernachtungen im Hotel Savon *(savonhotel.com.tr)* ein, einer charmanten, ehemaligen Olivenölmanufaktur.

ZUM GEBURTSORT ABRAHAMS
Von Antakya fährst du über İskenderun zurück zur Autobahn und weiter nach Osten bis ❻ Şanlıurfa ➤ S. 97. Die uralte Stadt (früher Urfa) ist stark von Arabern und Kurden geprägt. Allein der labyrinthartige Basar von Şanlıurfa mit seinen Kupferschmieden und kühlen Teehöfen ist einen Besuch wert. Anhänger aller Schriftreligionen glauben, dass sich Stammvater Abraham in Şanlıurfa aufhielt. In der Abrahamsgrotte bei der Halilur-Rahman-Moschee aus dem 17. Jh. soll er geboren sein. Doch Urfa ist älter als Abraham. Bleib unbedingt zwei Nächte in Şanlıurfa, z. B. im Hotel Turkmen Konağı *(urkmenkonagi.com),* dann hast du genug Zeit, dir alles anzuschauen und noch einen Ausflug ins gut 20 km entfernte ❼ Göbekli Tepe zu unternehmen. Hier entdeckte ein deutscher Archäologe vor 30 Jahren einen Tempel aus dem Neolithikum (10 000 Jahre vor unserer Zeit) – unbedingt anschauen!

ERLEBNISTOUREN

**SONNENUNTERGANG AUF DEM
BERG DER GÖTTER**

Auf der Straße D 875 überquerst du zum letzten Ziel den Euphrat nahe der gigantischen Staumauer des Atatürk-Staudamms. Über Adıyaman erreichst du auf der D 360 ❽ Kahta, den Ausgangspunkt für Exkursionen zum ❾ Nemrut Dağı ▶ S. 99, dem weltberühmten „Berg der Götter". Die riesigen Steinköpfe bilden das Grabdenkmal für König Antiochus I. von Komagene, der einst Herrscher über ein Kleinreich von römischen Gnaden war. Weil daneben auch die Sonnenauf- und -untergänge auf dem Nemrut-Berg zu den unvergesslichen Türkeierlebnissen gehören, solltest du auch hier am besten zwei Übernachtungen einplanen. Dafür bietet sich in ❿ Kahta das Zeus Hotel (zeushotel.com.tr) an.

TAG 6–7

❽ Kahta

57 km 1 Std.

❾ Nemrut Dağı

57 km 1 Std.

❿ Kahta

❸ STIPPVISITE AN DER SCHWARZMEERKÜSTE

- ➤ Wälder und Berge am Schwarzen Meer
- ➤ Baden im Hochlandsee
- ➤ Gipfelsturm im Kaçkar-Gebirge

📍 Trabzon

🏁 Trabzon

🕐 685 km

🚗 8 Tage, inkl. 3 Tage Wanderung, 11 Std. reine Fahrzeit

📊 mittel

↗ 1000 m

Kosten: ca. 150 Euro für einen Bergführer
Mitnehmen: gutes Kartenmaterial und Outdoor-Ausrüstung

ⓘ Achtung: Im Kaçkar-Gebirge regnet es häufig. Für die Wanderung brauchst du eine gute Trekkingausrüstung, auch für ein, zwei Übernachtungen im Camp, und du musst einen Bergführer engagieren.

ENTSPANNTER START

Die Reise beginnt in ❶ Trabzon ➤ S. 108, dem alten Trapezunt. Hier sind noch Reste byzantinischer und griechischer Siedlungen zu besichtigen, wie die **Hagia Sophia** und die **Zitadelle**. Am Hafen gibt es nette Teegärten und Restaurants. Schau dir die Stadt in Ruhe an und übernachte im komfortablen **Zorlu Grand Hotel** (zorlugrand.com).

MORGENGRUSS AM HOCHLANDSEE

Am nächsten Morgen geht es mit dem Auto auf der D 885 über Maçka zum weltberühmten Kloster ❷ **Sümela** ➤ *S. 109. Von dort fährst du auf der D 885 weiter über den großartigen Zigana-Pass und dann über die E 97 nach* ❸ **Bayburt**, *wo du im* **Bayburt Hotel** *(otelbayburt.com) für die Nacht gut aufgehoben bist.*

Am folgenden Tag geht es auf der D 915 über den Soğanlı-Pass zum ❹ **Uzungöl**. *An diesem schönen Hochlandsee lohnt es ebenfalls, eine Übernachtung einzuplanen, um die reizvolle Gegend in Ruhe zu erkunden. Herrlich gelegen ist hier das* **Soylu Hotel** *(soyluotel.com).*

TAG 1
❶ Trabzon
51,5 km 1 Std.

TAG 2-3
❷ Sümela
168 km 2 Std. 45 Min.
❸ Bayburt
69 km 1 Std.
❹ Uzungöl
164,5 km 2 Std.

ERLEBNISTOUREN

IM GIPFELGLÜCK

Am vierten Tag führt dich die D 915 zurück zur Küste nach Of, von wo aus du auf der Küstenstraße über Rize und Ardeşen zum 2000-Einwohner-Ort Çamlıhemşin gelangst. Von diesem Ort führt eine kleine Asphaltstraße hoch hinauf in die alpine Landschaft des Kaçkar-Gebirges nach ❺ **Ayder** ➤ S. 109.

Hochalpines Abenteuer im Kaçkar-Gebirge am Schwarzen Meer

Nach einer Übernachtung im dortigen **Kaçkar Resort Hotel** *(kackarresorthotel.com) beginnt am Morgen die anspruchsvolle Wanderung zum 3932 m hohen Gipfel des Kaçkar. Du solltest in Ayder unbedingt einen Bergführer engagieren, z. B. Izmet Öztürk (rund 50 Euro pro Tag | trekkingexpert.com). Der Weg führt über den Çaymakçur-Pass zunächst auf die trockene, dem Meer abgewandte Seite des Gebirgszugs nach* **Yaylalar** *und von dort über einen ausgedehnten Bergrücken weiter bis zum Gipfel des* ❻ **Kaçkar**.

Mit einer Übernachtung in Yaylalar (die organisiert der Bergführer für dich) und einer Nacht im Basiscamp vor dem Gipfelanstieg bist du bis zur Rückkehr nach Ayder drei lange Tage unterwegs.

MARKTTAG AM PALAST

Von Ayder sind es 160 km zurück nach Trabzon. Auf dem Rückweg nach Westen solltest du noch einen Halt in ❼ **Sürmene** *einlegen. In der Kleinstadt zwischen Of und Araklı ist besonders der festungsähnliche Palast sehenswert, den sich eine Schwarzmeer-Dynastie vor 200 Jahren errichten ließ.* **INSIDER-TIPP Immer wieder dienstags** *Wenn du es einrichten kannst, komm dienstags, dann ist Markttag. Die restlichen 40 km nach* ❶ **Trabzon** *sind von hier aus schnell zurückgelegt.*

TAG 4-7
❺ **Ayder**
47,5 km   22 Std.
❻ **Kaçkar**
144,5 km   10 Std. 15 Min.
TAG 8
❼ **Sürmene**
39 km   45 Min.
❶ **Trabzon**

GUT ZU WISSEN
DIE BASICS FÜR DEINEN URLAUB

ANKOMMEN

ANREISE

Am einfachsten ist die Anreise mit dem Flugzeug. Mit *Turkish Airlines (turkishairlines.com)* erreichst du direkt oder mit Umstieg in İstanbul jeden Flughafen der Türkei. Charterflüge gibt's ganzjährig nach İstanbul, İzmir und Antalya. In der Hauptsaison kannst du auch direkt nach Dalaman oder Bodrum fliegen. Linienflüge kosten 300–400 Euro, Charterflüge je nach Saison ab 120 Euro. Weitere Flughäfen im Inland sind: Alanya-Gazipaşa, Ankara, Antakya, Adana, Bursa, Çanakkale, Diyarbakır, İzmit, Kars, Konya, Nevşehir-Cappadokia, Şanlıurfa, Sinop, Trapzun, Van.

Für die Einreise mit dem Auto benötigst du einen nationalen Führerschein, den Fahrzeugschein und eine grüne Versicherungskarte. Bei der Einreise wird das Auto im Pass eingetragen – du musst bei der Ausreise darauf achten, dass es auch wieder ausgetragen wird. Die zulässigen Höchstgeschwindigkeiten: in Ortschaften 50 km/h, außerhalb 90 km/h und auf Autobahnen 120 km/h. Es besteht Gurtpflicht und ein absolutes (!) Alkoholverbot. Informationen, Tipps und Kartenmaterial gibt es beim *Türkischen Touring- und Auto-*

+ 2 Stunden Zeitverschiebung

Im Sommer + 1 Stunde (keine Zeitumstellung in der Türkei)

Steckdosen

Adapter sind nicht notwendig.

In Dalyan kannst du per Boot einen Ausflug zu heißen Quellen unternehmen

mobilclub (TTOK, Türkiye Turing ve Otomobil Kurumu | Oto Sanayii Sitesi Yani 1 | 4. Levent | İstanbul | Tel. 0212 2 82 81 40 | turing.org.tr) und beim ADAC (adac.com). Von Frankfurt bis İstanbul sind es mit dem Auto rund 2000 km.

Um die Fahrt abzukürzen, gibt es die Möglichkeit von Venedig aus mit einer Fähre nach Griechenland zu fahren (Zielhafen *Igoumenitsa* in Nordgriechenland und von dort quer durch Griechenland in die Türkei, *goferry.de*)

Die Fahrt mit dem Reisebus wird von fast allen großen deutschen Städten angeboten. Es ist meist die preisgünstigste Variante, in die Türkei zu kommen, bei einer Reisedauer von 50–60 Stunden aber auch sehr anstrengend.

Mit der Bahn reist du via Wien nach İstanbul. Die Fahrt dauert über 40 Std. und kostet mehr als ein Charterflug. *fahrplan-online.de*

AUSKUNFT
TÜRKISCHE FREMDENVERKEHRS- UND INFORMATIONSÄMTER

- *Frankfurt/M. (Baseler Str. 35–37 | 60329 Frankfurt/M | Tel. 069 23 30 81 | goturkey.com)*
- *Wien (Singer Str. 2/8 | 1010 Wien | Tel. 022 5 12 21 28 | 022 5 12 21 29 | turkinfo.at)*
- *Zürich (Stockerstr. 55 | Tel. 04 42 21 08 10 | tuerkeitourismus.ch)*

Touristinfos in der Türkei heißen *Turizm Bürosu*.

EINREISEBESTIMMUNGEN

Deutsche und Schweizer brauchen für einen bis zu drei Monate langen Aufenthalt nur ihren gültigen Pass oder Personalausweis. Den Einreiseschein mit dem Stempel musst du aufheben. Österreicher müssen bei der Einreise auf dem Flughafen ein Visum erwerben oder vorher online beantragen.

Für Hunde und Katzen benötigst du zur Einreise einen EU-Heimtierausweis und ein Gesundheitszeugnis. Beides bekommst du beim Tierarzt. Das Haustier muss mindestens 15 Tage und höchstens 6 Monate vor Reisebeginn gegen folgende Krankheiten geimpft sein: Tollwut, Staupe, Parvovirose, Leptospirose und Hepatitis. Die Impfbescheinigung muss auch in englischer Sprache vorliegen.

REISEZEIT

Hochsaison in der Türkei ist von Anfang Juni bis Ende September. Südlich von İzmir und an den Badeorten am Mittelmeer kannst du auch im Oktober und November meist noch gut baden. Im Juli/August ist es in der Türkei insgesamt sehr heiß. Angenehmer ist es in diesen beiden Monaten in der nördlichen Ägäis, am Schwarzen Meer und in höher gelegenen Ferienorten im Taurus und dem Kaçkar-Gebirge ganz im Osten des Landes. Den Südosten mit Şanlıurfa und Diyarbakır solltest du im Hochsommer meiden, weil die Temperatur dann oft über 40 °C steigt. Im Winter gibt es an der gesamten Küste manchmal sintflutartige Regenfälle.

ZOLL

Ausländische und türkische Währung darf unbegrenzt eingeführt werden. Für Teppiche oder andere Wertgegenstände, die du in der Türkei erworben hast, musst du eine Quittung zeigen. Vorsicht mit echten Antiquitäten: Stücke, die älter als 100 Jahre sind, dürfen generell nicht ausgeführt werden. Die Ausfuhr antiker Steine oder anderer Altertümer ist streng verboten. Das gilt auch für Fossilien. Selbst Stücke, die du für relativ wenig Geld bei einem Straßenhändler erworben hast, können Probleme bereiten. Aktuelle Infos: *zoll.de*

Bei der Wiedereinreise in EU-Staaten dürfen Waren im Wert von 430 Euro (bei Flugreisen) sowie u. a. 200 Zigaretten, 1 l Spirituosen und 2 l Wein zollfrei eingeführt werden. Für die Schweiz gelten andere Bestimmungen.

WEITERKOMMEN

BAHN

Das Streckennetz der Türkischen Bahn wird erst seit einigen Jahren wieder restauriert. Es gibt eine gute Schnellbahnverbindung von İstanbul nach Ankara und weiter nach Konya. Außerdem werden zwei touristische Bahnreisen von Ankara nach Kars und von Ankara nach Tatvan angeboten.

BUS

Das übliche Reisegefährt, um in der Türkei von einer Stadt zur anderen zu kommen, ist immer noch der Reisebus. Jede Stadt hat ihr Busterminal (*garaj* bzw. *otogar*), und Busse fahren praktisch in jeden Winkel des Landes. Um das Unfallrisiko zu minimieren, empfiehlt es sich, renommierte Busunternehmen wie *Ulusoy (ulusoy.com.tr)* oder *Varan (varan.com.tr)* zu wählen. Vom Busbahnhof aus verkeh-

GUT ZU WISSEN

ren auch Minibusse zu den Zielen in der Umgebung.

MIETWAGEN

Die großen internationalen Anbieter haben auch in der Türkei Vertretungen. Deutlich günstiger ist es aber, vor Ort bei den zahlreichen kleineren Rent-a-Car-Firmen ein Auto zu mieten (ab ca. 25 Euro/Tag für einen Kleinwagen inkl. Kilometer). *Rent-a-Car* in Antalya: *AVIS (Tel. 0242 2 41 66 93 | avis.com.tr); Budget (Tel. 0242 2 43 30 06 | trbudget.com); Enterprise (0242 3 30 33 16).* Man nimmt den Wagen mit leerem Tank entgegen und kann ihn dann auch ebenso wieder abgeben. Bei Enterprise bekommt man das Auto dagegen mit vollem Tank.

TAXI

Möchtest du kein Auto mieten und dein Hotel ist so abgelegen, dass kein Dolmuş dort vorbeikommt, bleibt das Taxi. Taxi fahren ist relativ preiswert, du musst nur darauf achten, dass das Taxameter eingeschaltet ist. In Kleinstädten gilt ein höherer Grundpreis als in Großstädten. In manchen Städten nehmen Taxifahrer gesetzlich 50 Prozent mehr, wenn sie zum Flughafen rausfahren.

IM URLAUB

AUSKUNFT

Auskunft erteilt in jedem größeren Touristenort eine Touristeninformationsstelle, zumeist im Stadtzentrum. Du bekommst dort Stadtpläne, Infos über öffentliche Verkehrsmittel, Listen über Hotels im Ort und Infos über anstehende Kulturveranstaltungen, Festivals usw.

BANKEN & GELDWECHSEL

Öffnungszeiten der Banken: 9–12 und 13–17 Uhr. Bankfilialen mit dem Schild *Öğlen Açık* machen keine Mittagspause, Bankfilialen in Einkaufszentren haben länger geöffnet. Fast alle Banken besitzen Geldautomaten, an denen du mit deiner EC- oder Kreditkarte rund um die Uhr Geld abheben kannst; in Urlaubsorten geben viele Automaten auch Euro aus. Achtung: Einzelne deutsche Banken haben ihre EC-Karten aus Sicherheitsgründen für den Einsatz außerhalb der Eurozone gesperrt; erkundige dich vorher bei deinem Geldinstitut. Wenn du Bargeld tauschen möchtest, geh zu einem Devisenbüro *(Döviz bürosu);* dort bekommst du einen besseren Kurs als bei der Bank. Tausch kein Geld im Heimatland, der Kurs ist immer schlechter als in der Türkei. In Großstädten und an der Küste wird fast überall der Euro angenommen, trotzdem sollte man lieber in Lira zahlen, das ist immer günstiger.

CAMPING

Die schönsten Campingplätze der Türkei sind die staatlich betriebenen sogenannten „Waldlager" *(Orman Kampı),* die dem Forstministerium unterstellt sind und in der Regel in einem Schatten spendenden Wäldchen liegen. Sie verfügen über eine gute Infrastruktur, u. a. über Kiosk und Laden, Kochstelle, Waschküche,

Duschen mit Warmwasser und eine Abwassergrube für Wohnmobile. *camping.info*

FEIERTAGE

1. Januar	Yılbaşı (Neujahr)
23. April	Ulusal Egemenlik ve Çocuk Bayramı (Fest der nation. Souveränität und der Kinder)
19. Mai	Gençlik ve Spor Bayramı (Fest der Jugend und des Sports)
30. August	Zafer Bayramı (Feiertag der Befreiung)
29. Oktober	Cumhuriyet Bayramı (Feiertag der Republik, Nationalfeiertag)

INTERNET UND TELEFON

Das Internet ist in der Türkei in der Fläche besser verbreitet als in Deutschland. Es gibt so gut wie keine Funklöcher. Fast alle Hotels haben ADSL und WLAN kostenlos auf den Zimmern, zumindest aber in der Lobby. Außerdem bieten viele Cafés und Restaurants WLAN.

Auch das Handynetz ist gut ausgebaut. Deutsche Handys funktionieren über Roaming-Abkommen meist problemlos; es ist aber immer noch sehr teuer, sie zu benutzen. Auch wenn du angerufen wirst, zahlst du den halben Preis selbst. Erkundige dich zu Hause nach den besten Tarifpaketen. Meist günstiger ist das Nutzen einer Prepaid-Karte, die du vor Ort erwirbst.

MOSCHEEBESUCH

Moscheen sind in der Regel geöffnet und können immer kostenlos besucht werden. Du musst vor der Moschee deine Schuhe ausziehen, und Frauen müssen ihren Kopf bedecken.

MUSEEN

Überall im Land wirst du auf große und kleine Museen stoßen. Das Museumsportal der Regierung informiert über die wesentlichen Museen auf seiner Website (*muze.gov.tr*) und bietet verschiedene Museumspässe online an. Aber auch vor Ort in allen Touristeninformationsstellen und an den Ticketschaltern der Museen kannst du einen Museumspass erwerben, der sich immer lohnt, wenn du mehrere Museen innerhalb einer Region oder gleich im ganzen Land besuchen möchtest. Die meisten Museen sind dienstags geschlossen. Schüler- und Studentenausweise gewähren Rabatt.

POST

Post heißt *Ptt*, und die Poststellen sind in der Regel wochentags 8–17 Uhr geöffnet, Hauptpostämter sogar oft bis in die Nacht. Ein Brief bzw. eine Postkarte kostet ca. 60 Cent.

TRINKGELD

In Hotels und Restaurants sind Trinkgelder (ca. 10 Prozent) üblich und werden auch erwartet, bei Taxifahrten dagegen nicht.

WÄHRUNG

Die Währungseinheit ist die Türkische Lira (TL). Es gibt 200-, 100-, 50-, 20-, 10- und 5-Lira-Scheine sowie Münzen zu 1 Lira sowie 50, 25, 10 und 5 Kuruş. Die Wechselkurse ändern sich ständig. Sie werden in den Tageszeitungen oder an den Devisenbüros angegeben. Zurzeit bekommt man für einen Euro knapp 16 Lira.

GUT ZU WISSEN

FESTE & EVENTS
RUND UMS JAHR

MÄRZ
European Jazz Festival in İzmir: hochkarätige Konzerte; *iksev.org*
Newroz: ursprünglich das Neujahrsfest der Kurden (21. März), wird mittlerweile überall im Land gefeiert

APRIL
Internationale Filmfestspiele İstanbul: İstanbul wird zur Filmstadt (OmU); *iksv.org/film*
Internationales Musikfestival Ankara: Klassik aus aller Welt; *ankarafestival.com*

JUNI
★ **Aspendos Opern- & Ballett-Festival:** Aufführungen in den Kulissen des antiken Theaters; *dobgm.gov.tr*
Internationales Musikfestival İstanbul: Klassik in exklusiven Orten; *iksv.org*
Internationale Festspiele İzmir: Klassische Musik in Ephesos; *iksev.org*

JULI
Kırkpınar Güreşleri: traditionelles Ringen im Freien; *kirkpinar.com*
Internationale Jazztage in İstanbul

SEPTEMBER/OKTOBER
Weinlese auf Bozcaada mit festlichem Programm und Erntehilfe; *en.bozcaadarehberi.com*
★ **Kunst-Biennale İstanbul:** eine der europaweit wichtigsten Ausstellungen der Gegenwartskunst
Antalya Klaviertage: Virtuosen spielen open air; *antalya.bel.tr*

NOVEMBER
Bluesfestival İstanbul: Mit vielen US-Größen; *biletix.com*

DEZEMBER
★ **Şeb-i-Aruz:** Derwische in Konya führen ihren meditativen Tanz auf (Foto)
Am ersten **Weihnachtstag** (25. Dez.) findet eine große **Messe** in der Petrus-Grotte (Antalya) statt.

WAS KOSTET WIE VIEL?

Kaffee	1 Euro
	für eine Tasse
Fernbus	15 Euro
	İstanbul-Antalya
Imbiss	ab 1,50 Euro
	für einen Döner
Hamam	ab 5 Euro
	für einen Besuch
Benzin	ab 1,10 Euro
	für 1 Liter Benzin
Taxi	45 Cent
	pro Kilometer

kei ausgestellten Auslandskrankenschein kostenlos behandelt. Einfacher und deshalb empfehlenswert ist es jedoch, eine zusätzliche Reiseversicherung abzuschließen. Privatkliniken sind meist besser ausgestattet, allerdings werden die Rechnungen in Deutschland nur sehr eingeschränkt erstattet. In Apotheken *(eczane)* erhältst du viele gängige Arzneimittel preiswerter als in Deutschland. Medikamente, die du dauerhaft einnehmen musst, solltest du auf jeden Fall in ausreichender Menge von zu Hause mitbringen.

NOTFÄLLE

DIPLOMATISCHE VERTRETUNGEN
DEUTSCHE BOTSCHAFT

Atatürk Bulvari 114 | Kavaklıdere | 06540 Ankara | Tel. 0312 4 55 51 00 | Nottelefon: Tel. 0533 4 30 52 78 | ankara.diplo.de

ÖSTERREICHISCHE BOTSCHAFT

Atatürk Bulvari 189 | Kavaklıdere | 06540 Ankara | Tel. 0312 4 19 04 31 | ankara-ob@bmeia.gv.at

SCHWEIZER BOTSCHAFT

Atatürk Bulvari 247 | Kavaklıdere | 06540 Ankara | Tel. 0312 4 57 31 00 | eda.admin.ch/ankara

GESUNDHEIT

Solltest du ernsthaft erkranken, wirst du in staatlichen Krankenhäusern *(SSK)* und Gesundheitsstationen *(sağlık ocağı)* mit einem für die Tür-

NOTRUF

Polizei: 155; Feuer: 110; Notarzt: 112, Jandarma (Gendarmerie auf dem Land): Tel. 156; Notruf der Deutschen Botschaft Ankara: Tel. 0533 4 30 52 78 (24 Stunden); Notruf des Generalkonsulats Istanbul: Tel. 0536 2 87 59 64

WICHTIGE HINWEISE

FOTOGRAFIEREN

Das Ablichten von Militär oder militärischen Einrichtungen ist prinzipiell verboten. Verschleierte Frauen solltest du nicht fotografieren, und auch in konservativen Vierteln solltest du die Kamera lieber in der Tasche lassen. Ansonsten lassen sich die meisten Menschen gern porträtieren.

SICHERHEIT

Die Kriminalität gegenüber Touristen ist in der Türkei kein Problem. Aller-

GUT ZU WISSEN

dings solltest du deine Handtasche oder Geldbörse auch nicht zu offensichtlich herumliegen lassen. Gelegenheit macht Diebe.

Obwohl man in den Urlaubsgebieten an der Küste wenig davon bemerkt, die Türkei ist politisch ein sehr angespanntes Land. 2016 gab es einen Putschversuch von Teilen des Militärs, danach galt zwei Jahre lang landesweit ein Ausnahmezustand. Öffentliche Kritik an der türkischen Regierung oder dem Staatspräsidenten ist heikel und kann schnell zu einem Verfahren führen. Das Auswärtige Amt macht ausdrücklich darauf aufmerksam, dass auch kritische Bemerkungen auf Facebook oder Twitter zu Anklagen führen können.

Bei politischen Demonstrationen solltest du Abstand halten, weil die meisten verboten sind und sofort die Polizei auf den Plan rufen. Das Auswärtige Amt informiert auf seiner Website *auswaertiges-amt.de* und durch das Infotelefon *(Tel. 030 50 00 20 00)* über die aktuelle Sicherheitslage.

GRÜN & FAIR REISEN

Du willst beim Reisen deine CO_2-Bilanz im Hinterkopf behalten? Dann kannst du deine Emissionen kompensieren *(atmosfair.de; myclimate.org)*, deine Route umweltgerecht planen *(routerank.com)* oder auf Natur und Kultur *(gate-tourismus.de)* achten. Mehr über ökologischen Tourismus erfährst du hier: *oete.de* (europaweit); *germanwatch.org* (weltweit).

WETTER IN İZMIR

■ Hauptsaison
■ Nebensaison

	JAN.	FEB.	MÄRZ	APRIL	MAI	JUNI	JULI	AUG.	SEPT.	OKT.	NOV.	DEZ.
Tagestemperaturen	12°	14°	16°	21°	26°	30°	33°	33°	29°	24°	19°	14°
Nachttemperaturen	5°	5°	6°	10°	14°	18°	21°	21°	17°	14°	10°	7°
☀ Sonnenschein Stunden/Tag	4	6	6	8	10	12	13	12	10	8	6	4
☂ Niederschlag Tage/Monat	12	9	7	6	4	1	0	0	1	4	6	11
≈ Wassertemperatur in °C	15	13	14	15	18	21	23	23	22	20	17	16

SPICKZETTEL
TÜRKISCH

SMALLTALK

ja/nein/vielleicht	evet/hayır/belki
Bitte./Danke.	Lütfen./Teşekkür (ederim) oder Mersi.
Gute(n) Morgen!/Tag!/Abend!/Nacht!	Günaydın!/İyi Günler!/İyi Akşamlar!/İyi Geceler!
Hallo!/Auf Wiedersehen!	Merhaba!/Allaha ısmarladık!
Tschüss!	Hoşçakal (Plural: Hoşçakalın)/Bye bye!
Ich heiße …	Adım … oder İsmim …
Wie heißen Sie?	Sizin adınız ne?/Sizin isminiz ne?
Wie heißt du?	Senin adın ne?/Senin ismin ne?
Ich komme aus …	… den/dan geliyorum.
Entschuldige!/Entschuldigen Sie!	Afedersin!/Afedersiniz!
Das gefällt mir (nicht).	Beğendim./Beğenmedim.
Ich möchte …/Haben Sie …?	… istiyorum/… var mı?

ZEIGEBILDER

ESSEN & TRINKEN

Die Speisekarte, bitte.	Menü lütfen.
Könnte ich bitte … haben?	… alabilir miyim lütfen?
Flasche/Karaffe/Glas	şişe/karaf/bardak
Messer/Gabel/Löffel	bıçak/çatal/kaşık
Salz/Pfeffer/Zucker	tuz/karabiber/şeker
Essig/Öl	sirke/zeytinyağı
Milch/Sahne/Zitrone	süt/kaymak/limon
mit/ohne Kohlensäure	karbonatlı/karbonatsız
Vegetarier(in)/Allergie	vejetaryan/alerji
Ich möchte zahlen, bitte.	Hesap lütfen.
Rechnung/Quittung/Trinkgeld	fatura/fiş/bahşiş
bar/ec-Karte/Kreditkarte	nakit/banka kartı/kredi kartı

NÜTZLICHES

Wo ist …?/Wo sind …?	Nerede …?/neredeler …?
heute/morgen/gestern	bugün/yarın/dün
Wie viel kostet …?	… ne kadar? Fiyatı ne?
Wo finde ich einen Internetzugang?	İnternete nereden girebilirim?
Hilfe!/Achtung!	İmdat!/Dikkat!
Apotheke/Drogerie	eczane/ıtriyat mağazası
kaputt/funktioniert nicht	bozuk/çalışmıyor
Fieber/Schmerzen/Durchfall/Übelkeit	ateş/ağrı/ishal/bulantı
(kein) Trinkwasser	içme suyu (değil)
offen/geschlossen	açık/kapalı
Eingang/Einfahrt	giriş/garaj kapısı
Ausgang/Ausfahrt	çıkış/garaj çıkışı
Toiletten/Damen/Herren	tuvalet (WC)/bayan/bay
Entschuldigung, das habe ich nicht verstanden.	Özür dilerim, anlamadım
Ich möchte ein Auto mieten.	bir otomobil/araba kiralamak istiyorum.
Bank/Geldautomat	banka/ATM
Supermarkt	süpermarket
Bäckerei/Markt	fırın/pazar
0/1/2/3/4/5/6/7/8/9/ 10/100/1000	sıfır/bir/iki/üç/dört/beş/altı/yedi/sekiz/dokuz/on/yüz/bin

URLAUBS FEELING
ZUM EINSTIMMEN & AUSKLINGEN

LESESTOFF & FILMFUTTER

📖 İSTANBUL
Literaturnobelpreisträger Orhan Pamuk erzählt voller Melancholie von seiner Geburtsstadt. Der autobiografische Essay bringt dich der türkischen Seele ein Stück näher. (2003)

📖 TÜRKEI – DAS KOCHBUCH
Spitzenkoch Musa Dağdeviren stellt die türkische Art des Kochens vor. (2019)

🎥 IM JULI | CROSSING THE BRIDGE | THE CUT
Der preisgekrönte deutschtürkische Regisseur Fatih Akın rückt in seinen Filmen immer wieder die Türken, ihre Geschichte und ihre Eigenarten nachdenklich und kritisch ins Licht.

🎥 KEDI – VON KATZEN UND MENSCHEN
Millionen von Katzen leben auf türkischen Straßen. Die Dokumentation von Ceyda Torun ist eine Liebeserklärung an die Kedi. (2016)

🎥 WINTERSCHLAF
Das in Cannes mit der Goldenen Palme gekrönte Drama von Nuri Bilge Ceylan gibt ein Gefühl von der anatolischen Steppe. (2014)

PLAYLIST QUERBEET

- **AJDA PEKKAN – AYNEN ÖYLE**
  Die Songs DER Pop-Ikone des Landes hört man überall.

- **MANGA – WE COULD BE THE SAME**
  Mit diesem Song erreichte die Band den 2. Platz beim ESC 2010.

- **ZEKI MÜREN – SORMA**
  Die orientalischen Klänge von Müren werden vor allem in Tavernen gern gehört.

- **KAZIM KOYUNCU – GELEVERA DERESI**
  Der berühmteste Liedermacher der Schwarzmeerküste, der mit seinem frühen Tod zur Legende wurde.

- **FAZIL SAY – TROY SONATA**
  Der türkische Klaviervirtuose und Komponist und der wichtigste klassische Musiker des Landes mit seinem Werk über Troja.

Den Soundtrack zum Urlaub gibt's auf **Spotify** unter **MARCO POLO Turkey**

Oder Code mit Spotify-App scannen

AB INS NETZ

TÜRKEI-RATGEBER
Landeskunde von A bis Z erhältst du unter *ratgeber-tuerkei.de*

KULTUR UND TOURISMUS
Infoseite des Kultur- und Tourismusministeriums der Türkei, auch auf Deutsch: *kulturturizm.gov.tr*

WANDERN MIT PETER LILL
Der Wanderer Peter Lill hat sich auf den Lykischen Wanderweg begeben und auf seiner Homepage wertvolle Hinweise zusammengestellt: *peterlill.de*

BLOG DER DEUTSCHEN WELLE
Mitarbeiter der Deutschen Welle bloggen in „Weltzeit" zu politischen und kulturellen Themen: *blogs.dw-world.de*

TÜRKEI-ZEITUNG
Deutschsprachige Zeitung aus und über Antalya und Alanya mit Infos über die Türkische Riviera: *tuerkei-zeitung.de*

DIE WELT DER ANTIKE
Geschichten und Informationen zur Welt der Antike bis nach Antakya und Kleinasien: *welt-der-antike.de*

TRAVEL PURSUIT
DAS MARCO POLO URLAUBSQUIZ

Weißt du, wie Türkei tickt? Teste hier dein Wissen über die kleinen Geheimnisse und Eigenheiten von Land und Leuten. Die Lösungen findest du in der Fußzeile. Und ganz ausführlich auf den S. 20–25.

❶ Was bedeutet „Aile Çay Bahçesi"?
a) Alle Mann an Bord
b) Familien-Teegarten
c) Alle bekommen Tee

❷ Wie oft ruft der Muezzin?
a) Zweimal
b) Dreimal
c) Fünfmal

❸ Wann wurde die Türkei gegründet?
a) 1923 nach dem Ersten Weltkrieg
b) 1945 nach dem Zweiten Weltkrieg
c) 1992 nach dem Golfkrieg

❹ Wie heißt der türkische Literatur-Nobelpreistrager?
a) Orhan Faruk
b) Pamuk Faruk
c) Orhan Pamuk

❺ Was ist eine *saz*?
a) Eine berühmte Musikband
b) Ein Saiteninstrument
c) Eine Abkürzung für das Türkische Sozialamt

❻ Wie viel verdient ein Türke durchschnittlich im Jahr?
a) 10 000 Dollar
b) 11 500 Dollar
c) 11 250 Dollar

Lösungen: 1b, 2c, 3a, 4c, 5b, 6a, 7c, 8b, 9b, 10a, 11a, 12c

Saiteninstrumente fallen in der Türkei unter den Begriff *saz*

❼ Wie heißt die türkische Währung?
a) Liret
b) Lire
c) Lira

❽ Der Bevölkerungsaustausch welcher Gruppen fand 1923 statt?
a) Armenier und Türken
b) Griechen und Türken
c) Kurden und Türken

❾ Welche der folgenden antiken Stätte liegt in der Türkei?
a) Athos
b) Ephesos
c) Petra

❿ Wer regiert seit 2019 İstanbul?
a) Die Sozialdemokraten
b) Die Islamisten
c) Die Nationalisten

⓫ Wann wurde die Frauenfußball-Liga in der Türkei neu gegründet?
a) 2005
b) 2010
c) 2020

⓬ Von wann bis wann fasten Muslime im Ramadan?
a) Von Mitternacht bis Mittag
b) Von Mittag bis Mitternacht
c) Von Sonnenaufgang bis -untergang

REGISTER

Ahtamar (Heiligkreuzkirche) 93, **100**
Aksaray 89
Alaçatı 56
Alanya 37, **71**, 119
Albayrak Kilisesi (Bartholomäuskirche) **101**
Altındere (Naturpark) 109
Amasra 113
Amasya 110
Anamur 120
Anatolien 21
Ani 103
Ankara 21, **84**, 116, 129
Antakya (Antiochia) 120, 129
Antalya 21, 22, 37, **66**, 119, 129
Ararat 34, 92, 100, 101, 102
Aspendos 37, **70**, 129
Assos 50, **51**
Atatürk, Mustafa Kemal 84, 85
Avanos 87
Ayayorgi 56
Ayder 123
Ayder-Plateau 109
Belcekız-Strand 77
Belisırma 89
Berg Nemrut 99
Bergama 55
Beydağları 37
Beydağlari 69
Blaue Reise 34, 60, 68, 76
Bodrum 22, 41, **59**
Boğazkale 86, 117
Bolu 37
Boyalık 56
Bozburun 36
Bozcaada 50, **52**
Bursa 37, **48**, 116
Çanakkale 50
Çatalhöyük 91
Çeşme 56
Dalyan 79
Dardanellen 50
Datça 36, 37, 79
Denizli 37, 58

Derinkuyu 88
Deyrüzafaran 97
Didyma 58
Diogenes 111
Diyarbakır 96
Doğubeyazit 101
Eastern Express 102
Eğirdir 117
Ephesos 118
Ephesos (Efes) 40, **57**
Erzurum 37
Eşen Çayı 76
Fethiye 35, 36, 37, **75**
Gerze 112
Göbekli Tepe **99**, 120
Göbekli-Hügel 99
Gökçeada 50, **52**
Göltürkbükü 59
Göreme 88
Gümbet 61
Gümüşlük 59, 61
Halikarnassos 59
Hamsaroz Koyu 112
Harran 99
Hattuscha **86**, 117
Homer 50, 51
Ihlara 89
Ilıca 56
İncekum 73
İstanbul 20, 21, 24, 25, 35, 36, **44**, 129
İzmir 21, 24, **53**, 115, 129
İznik 50
İznik Gölü 50
Kaçkar-Gebirge 34, 109, 123
Kaçkarlar 34
Kahta 100, 121
Kaleköy 53, **75**
Kappadokien 37, **87**
Karaada 60
Kars 37, 102
Kaş 37, 68, **73**
Kastamonu 37
Kaymaklı 88
Kayseri 37, 87
Kekova 68, **74**
Kınık 77
Konya **89**, 129
Konyaaltı Beach 69

Köprülü-Cañon-Nationalpark 70
Kurden 129
Kuşadası 57
Lara Beach 69
Lykischer Wanderweg 37
Manavgat-Wasserfälle 73
Mardin 96
Marienhaus 57
Marmaris 22, 35, 37, **77**
Merkez 53
Mermerli Beach 68
Midyat 97
Milet 58
Mor Gabriel 97
Nemrut Dağı 98, **99**
Nemrut Dağı (Berg Nemrut) 121
Nevşehir 87
Niğde 87
Ölüdeniz 36, 76, **77**
Olympos 75
Orak 60
Pamucak 57
Pamukkale 40, **58**
Patara **74**, 77
Pergamon 40, **55**, 115
Perge 37, **70**
Peristrema-Tal 89
Petrus (Apostel) 120
Prinzeninseln 47
Reşadiye-Halbinsel 79
Safranbolu **112**, 113
Saklıkent 37, **77**
Samsun 37, **111**
Şanlıurfa **97**, 120
Sarıkamış 103
Schmetterlingstal 77
Schwarzes Meer 21, 104
Sedir Adası 36
Selçuk 118
Selge 70
Side 73
Silifke 120
Sinop 21, 110, **111**
Sultanhanı 117
Sumela-Kloster **109**, 122
Suphan 103
Sürmene 123
Taurusgebirge 34, 66

REGISTER & IMPRESSUM

Termessos 69
Trabzon **108**, 109, 122
Troja 40, 50, **51**
Tur Abdin 97
Uçhisar 88
Uğurlu 53
Uludağ 34, 37, 48, **50**
Urfa 97
Ürgüp 87
Uzungöl 122
Van 21, **100**
Van-See 93, 100
Xanthos 77
Yalıkavak 59
Yalvac 117
Yazılıkaya 86, 117
Yeni Bademli 53
Zentralanatolien 25

LOB ODER KRITIK? WIR FREUEN UNS AUF DEINE NACHRICHT!

Trotz gründlicher Recherche schleichen sich manchmal Fehler ein. Wir hoffen, du hast Verständnis, dass der Verlag dafür keine Haftung übernehmen kann.

**MARCO POLO Redaktion • MAIRDUMONT • Postfach 31 51
73751 Ostfildern • info@marcopolo.de**

Impressum
Titelbild: Sinterterrassen (huber-images: TC)
Fotos: R. Hackenberg (36, 97, 101, 104/105); huber-images: Cossa (88), B. Cossa (98), Grüner (92/93), Huber (34/35), L. Linder (29, 30), S. Lubenow (16/17), Schmid (8/9, 40/41, 67, 80/81, 134/135), R. Schmid (26/27, 56, 76, 117, 124/125), J. Wlodarczyk (14/15); iStock: S. Agnihotri (Klappe außen), D. Cudic (12), O. Dilek (52), Z. Kamilov (28), Nadore (Klappe innen/1); iStock/79mtk (11); iStock/FSYLN (91); iStock/MasterLu (61); iStock/prmustafa (109); iStock/rantic00 (33); Laif: Schliack (32), Tophoven (21), Türemis (62/63); mauritius images: Bridge (68), Kord (51), Lukassek (2/3); mauritius images/age (129); mauritius images/Alamy (13, 45, 49, 58, 85, 110, 114, 123); mauritius images/Funkystock: P. Williams (55); mauritius images/Hemis.fr: R. Mattes (6/7); mauritius images/Imagebroker: M. Siepmann (10, 113), P. Williams (70); mauritius images/Minden Pictures (79); Shutterstock: N. Duzen (72), B. Ergin (22), G. Ragiboglu (136/137), Y. Sariyildiz (24/25); Shutterstock/fotopanorama360 (75); Shutterstock/muratart (86, 102); T. Stankiewicz (46); D. Zaptcioglu/J. Gottschlich (139)

17. Auflage 2023, komplett überarbeitet und neu gestaltet
© MAIRDUMONT GmbH & Co. KG, Ostfildern
Autoren: Jürgen Gottschlich, Gunnar Köhne, Dilek Zaptçioğlu
Redaktion: Manuela Hunfeld
Bildredaktion: Stefanie Wiese
Kartografie: © MAIRDUMONT, Ostfildern (S. 38–39, 116, 118–119, 122, Umschlag außen, Faltkarte);
© MAIRDUMONT, Ostfildern, unter Verwendung von Kartendaten von OpenStreetMap, Lizenz CC-BY-SA 2.0
(S. 42–43, 64–65, 82–83, 94–95, 106–107)
Als touristischer Verlag stellen wir bei den Karten nur den De-facto-Stand dar. Dieser kann von der völkerrechtlichen Lage abweichen und ist völlig wertungsfrei.
Gestaltung Cover, Umschlag und Faltkartencover: bilekjaeger_Kreativagentur
mit Zukunftswerkstatt, Stuttgart; Gestaltung Innenlayout:
Langenstein Communication GmbH, Ludwigsburg
Spickzettel: in Zusammenarbeit mit PONS GmbH, Stuttgart
Texte hintere Umschlagklappe: Lucia Rojas
Konzept Coverlines: Jutta Metzler, bessere-texte.de

Printed in Poland

MARCO POLO AUTOREN
DILEK ZAPTÇIOĞLU UND JÜRGEN GOTTSCHLICH

Unsere Autoren leben und arbeiten seit 15 Jahren in der Türkei. Während Zaptçioğlu (Studium der Geschichte und Politik in İstanbul und Göttingen) in İstanbul geboren wurde, ist Gottschlich (Studium der Philosophie und Publizistik in Berlin) ein echter Einwanderer. Beide arbeiten als Schriftsteller und Journalisten, die Zeitungen und Sender in Deutschland mit Nachrichten aus der Türkei versorgen.

BLOSS NICHT!
FETTNÄPFCHEN UND REINFÄLLE VERMEIDEN

FKK AUSPROBIEREN
In der Türkei ist Nacktbaden verboten, auch „oben ohne" solltest du nicht am Strand liegen. Wenn du dich außerhalb von Anlagen mit überwiegend westlichen Touristen bewegst, verzichte nicht auf Badekleidung.

ÜBER POLITIK DISKUTIEREN
Das Zeitalter ist schwierig, die Gemüter erhitzt – geh nicht auf Debatten mit Einheimischen über politische Themen ein. Du verbrennst dir dabei nur die Finger und riskierst sogar eine Strafanzeige.

STEINE EINSTECKEN
Die Türkei ist ein großes Open-Air-Museum. Aber Achtung: Auch arglose Touristen, die einen „interessanten" Stein eingesteckt haben, werden vors Gericht gebracht und mit hohen Geldstrafen konfrontiert. Der türkische Zoll passt bei Ausreisen sehr genau auf, dass kein Kulturgut hinausgeschmuggelt wird. Auch schon ein Stein vom Strand kann zu einem Problem werden.

SCHWARZGEBRANNTEN ALKOHOL KONSUMIEREN
Weil die konservative Regierung die Steuern auf Alkohol drastisch erhöhte, entstanden viele Schwarzbrennereien. Tödliche Methanolvergiftungen können die Folge sein! Kauf nur Flaschen mit Steuerbanderole im Laden.

AUF NEPPER UND SCHLEPPER HEREINFALLEN
Gerade in großen Urlaubsorten wie Bodrum, Antalya oder İstanbul gibt es jede Menge bereitwilliger „Helfer", die dich etwa zu einem Teppichgeschäft oder Restaurant führen wollen. Entdeck alles lieber auf eigene Faust!